El Viaje de Algo Brillante

El Viaje de Algo Brillante

Jennifer C. Tabora

Copyright © 2020 Jennifer C. Tabora

Todos los derechos reservados

ISBN: 9781735476117

EL VIAJE DE ALGO BRILLANTE Desde las profundidades de la depresión a una vida de gozo abundante.

Copyright © 2020 por Jennifer C. Tabora, Todos los derechos reservados. Ninguna parte de esta publicación puede ser reproducida, almacenada en un sistema de recuperación o transmitida de ninguna manera por ningún medio (electrónico, mecánico, fotocopia, grabación o de otro tipo) sin los permisos previos del titular de los derechos de autor, excepto según lo dispuesto por los derechos de autor de EE. UU. ley.

Las citas bíblicas marcadas (NLT) están tomadas de la Santa Biblia, Nueva Traducción Viviente, copyright © 1996, 2004, 2015 de Tyndale House Foundation. Usado con permiso de Tyndale House Publishers, una división de Tyndale House Ministries, Carol Stream, Illinois 60188. Todos los derechos reservados.

Las citas bíblicas marcadas (MSG) están tomadas de THE MESSAGE, copyright © 1993, 2002, 2018 de Eugene H. Peterson. Usado con permiso de NavPress. Todos los derechos reservados. Representado por Tyndale House Publishers, una división de Tyndale House Ministries.

ISBN: 978-1-7354761-1-7
Registro de la Biblioteca del Congreso
The Something Shiney Journey ie. El viaje de algo brillante

Categoría: No ficción> Cuerpo, mente y espíritu> Inspiración y crecimiento personal No ficción> Cuerpo, mente y espíritu> Eliminación de inspiración y crecimiento personal No ficción> Autoayuda> Hijos adultos de abusadores de sustancias No ficción> Familia y relaciones> Amor y romance
Escrito por Jennifer C. Tabora> Jennifer Tabora
Correo electrónico: SomethingShiney@outlook.com
Ayudador: Kimberly Receveur
Editado por Rachel Cox
Foto de portada: Michael R. Myers
Traducción: Traductor de Google con Ivania Machado

CONTENTS

Dedicación

Reconocimiento   xi

Prefacio   1-5

1   Estoy Limpio   7-24

2   La Verdad me Hará Libre   27-62

3   Dios Gana   65-89

4   Una Forma de Escapar   91-111

5   La Cima de la Montaña   113-142

6   Él Hace Todas las Cosas Nuevas   145-169

7   Cuarenta Días y Cuarenta Noches   171-189

8   Nuevos Comienzos   191-208

9   El Bautismo   211-233

10   Lecciones de Amor   235-255

11   El es Fiel   257-291

12   Estoy Perdonado   293-330

13   Esta Terminado   333-354

Epílogo   357-359

Del Autor   361

El Viaje de Algo Brillante

DEDICACIÓN

A cada persona que alguna vez ha sufrido en silencio, ha tenido el corazón quebrantado y ha tenido ganas de rendirse, le dedico este libro para que pueda experimentar el mismo consuelo que Dios, a través de Jesucristo, me ha dado.

II Corintios 1: 3-5

El Viaje de Algo Brillante

RECONOCIMIENTO

A una persona muy especial, Kimberly, me has dado lo más valioso que tienes: tu tiempo. Has pasado horas en este proyecto, entregándote desinteresadamente a la realización de este trabajo, sin pedir nada a cambio ni una sola vez. Quiero que sepan que es a través de su devoción que he aprendido la lección más grande de mi vida, que es, "usted es la iglesia" y todos tenemos la oportunidad de ser la iglesia en la vida de otra persona. Gracias por ser un ejemplo vivo y la columna vertebral sobre la que se construye la iglesia.

A mi esposo e hijos, gracias por darme el tiempo que necesitaba para terminar este sueño de toda la vida. No hubiera podido hacer esto sin su amor y apoyo.

Para mi familia y ustedes saben quienes son, gracias por los años que hemos pasado juntos. Haces que la vida valga la pena y me das algo genial que esperar todos los días.

A todos los que han sido parte de mi viaje. Quiero que sepas que Dios tiene una manera de convertir lo ordinario en extraordinario.

Para la Iglesia, he aprendido mucho de ustedes y espero con ansias lo que Dios tiene reservado para cada uno de nosotros.

El Viaje de Algo Brillante

….ven y mira lo que Dios ha hecho….

PREFACIO

Soy un sobreviviente de las colinas traseras de Carolina del Norte, que abandoné la escuela en octavo grado y fui criado por un adicto. Fue la adicción lo que dictaba las condiciones de mi vida, mi corazón y mi alma. Sé que a veces leerás esto en primera, segunda y tercera persona, pero esta es mi historia y muchas veces así es exactamente como me sentí. Yo era diferentes versiones de mí mismo, a veces experimentando que la vida estaba completamente presente en el momento, pero muchas veces no. Por supuesto que esta era mi vida antes que Él.

Quiero que sepas que no crecí con Dios; Solo conocía esta canción que me decía que había un hombre llamado Jesús que me amaba. Supongo que eso es todo lo que necesitaba saber para experimentar una nueva vida, un rehacer, la verdad es que "comencé de nuevo". Lo mismo que quería desde que tengo memoria.

Quiero que sepan que fue Dios quien tomó lo que parecía ser una tarea insuperable y la hizo tan fácil como cruzar el río Colorado.

Sí, el río Colorado, el mismo río que tiene mil cuatrocientas cincuenta millas de largo y se extiende por más de quinientos pies de ancho. El mismo río que crucé en las Montañas Rocosas del Sur a diez mil ciento ochenta y cuatro millas sobre el nivel del mar; lejos de donde comenzó este viaje en el sótano de mi casa en Nueva Jersey.

¿Por que es esto importante? Porque así de grande pensé que era mi dolor. Estaba tan consumido por quién no era que no podía ver para quién fui creado. Estaba tan consumida por lo que no tenía que no podía ver lo que estaba justo frente a mí. Estaba tan ocupada fingiendo ser lo que todos los demás querían que fuera que no podía amarme por lo que era.

Comencé este viaje con un dolor mayor que la grandeza del río Colorado. Las "gargantas" de mi sufrimiento alteraron cada decisión que tomé. Hasta que lo dejé todo atrás para seguir a Aquel que dijo "Sígueme". Estaba tan insegura de mí misma y de todo lo que me estaba pasando como cualquiera. No tenía confianza. No tenía autoestima ni valor. Ni siquiera sabía qué era eso porque nunca lo tuve. Cuestioné todo y, sin embargo, seguí la voz suave y apacible que me trajo consuelo en medio de mi dolor.

No tenía idea de adónde iba o cómo iba a llegar allí, solo sabía una cosa. Conocía Su voz cuando hablaba. Fui lo suficientemente inocente como para callarme y escuchar y Su gracia fue lo suficientemente fuerte como para detener mis gritos desde adentro. Él calmó mi dolor, el tiempo suficiente para que pudiera escucharlo y seguir su ejemplo.

Estaba en las Montañas Rocosas cuando pasé el mismo lugar donde comienza el río Colorado. Fue entonces cuando me di cuenta de que es Dios quien puede tomar lo imposible, lo insoportable, lo intolerable y hacerlo lo suficientemente pequeño como para superarlo. Puede hacerlo lo suficientemente pequeño como para pasar por encima, tal como lo hizo con el río Colorado. Todo comienza en alguna parte y comenzó cuando yo le gritaba a Él en medio de mi dolor. Cuando crucé ese río, también supe que el dolor ya no gobernaría mi vida, mi corazón o mi alma. Sabía que había encontrado el lugar que le correspondía en mi pasado y ya no podía consumir mi futuro.

Solo soy un testigo de la magnitud de un Padre asombroso que me ama tanto que ya no podía quedarse mirando mi sufrimiento. Un Salvador que me amó tanto en el momento en que clamé a Él, apareció. Era como si me hubiera estado esperando pacientemente toda mi vida. Intervino rápidamente sin dudarlo, a pesar de que había pasado años persiguiendo cada pasión fugaz. No sucedió en un banco de la iglesia; no sucedió con alguien golpeando mi puerta para compartir "el evangelio". Nadie me detiene en las tiendas con un mensaje de "buenas noticias"; era solo yo llorando de dolor, esperando que Él me viera en mi sufrimiento y me salvara de mí mismo.

Quiero que sepas que Él no hace acepción de hombres ni de mujeres. No soy especial No tengo un título; No soy un erudito bíblico. No me sé Su Palabra de memoria ni puedo recitar las escrituras palabra por palabra. Todo lo que tengo es mi testimonio. Así que este libro es mi versión de Jesucristo apareciendo en mi vida. Me ha dado de comer cuando no tenía nada que comer. Me ha vestido cuando no había nadie que me cuidara. Él nunca dejó de amarme incluso cuando yo no podía amarme a mí mismo. Él ha sido fiel incluso cuando yo fui infiel. Él ha cumplido sus promesas incluso cuando he olvidado cuáles eran. Más que nada en el mundo, solo quiero que sepas que lo que ha hecho por mí, lo hará por ti y que te ama con amor eterno. El nunca te dejará. Él nunca te abandonará. Él estará contigo hasta el fin de este mundo y no es un hombre para que diga mentiras.

Solo tengo una cosa más que quiero agregar. Mientras lees mi historia, todo lo que te pido es que le des una oportunidad a Dios. Si nada ha funcionado en tu vida, si has fallado en todo momento, si estás roto, si te sientes menos que este mundo, todo lo que te pido es que le des una oportunidad a Dios. Lo hice y te lo prometo, no te arrepentirás.

Si lo hace, no será mi historia, será la suya y valdrá la pena contarla.

El Viaje de Algo Brillante

Capítulo Uno:

Estoy Limpia

El Viaje de Algo Brillante

Todo comenzó cuando me encontré ahogándome en las profundidades de mi depresión. Pasé mis veintes pasando por una terapia intensiva con medicamentos para tratar de lidiar con lo que me sucedió en mi infancia. Me ayudó a sobrellevar la vida cotidiana, pero nunca sanó lo que estaba roto. Aquí es donde comienza el viaje. Había intentado todo lo demás antes de darle una oportunidad a Dios.

Siempre me pregunté por qué había un lugar que anhelaba llenarse dentro de mí. Sé que está ahí porque puedo sentir el vacío; gritar para ser escuchado, para ser visto, para ser amado. No tengo nada. No soy nada y, sin embargo, el mundo que me rodea dice que no hay nada que me falte.

Qué difícil es para ellos ver más allá de lo que les muestro. Qué simple es asumir que todo está bien. Es como una segunda naturaleza juzgar la condición del corazón por su presentación exterior. Es tan fácil depender completamente de lo que se ve; creer en una verdad que está plagada de percepción, alterada por la experiencia y engañada por corazones quebrantados.

La verdad es que he aprendido a compartimentar mi mente. Tengo un rostro para cada situación y para cada persona en mi vida. Me derramo como un grifo abierto para ser consumido por su abrumadora necesidad de control, pero me conozco; cuando llegue el momento, cerraré el grifo. Entonces alguien más vendrá y perforará un nuevo todo dentro de mi corazón, consumiendo el agua viva que han encontrado allí. El ciclo se repetirá, una y otra vez, hasta que no quede nada más que un pozo viejo, seco y gastado, y encontraré mi fin en una temporada de sequía y muerte.

Por fuera, parece que lo tengo todo junto, pero en realidad soy solo un camaleón. Me adapto a mi entorno, lo que dificulta descifrar quién o dónde estoy. Estoy presente, pero me desvanezco fácilmente en el fondo. Ahora, los médicos pueden etiquetarme y decir que soy bipolar, límite o que tengo algún tipo de trastorno de identidad, pero yo sé quién soy y sé de dónde vengo.

Tengo una habilidad asombrosa para mezclarme. Si no sabía algo, simplemente fingía que lo sabía, hasta que convencí a los que me rodeaban de lo mismo. Supongo que así es como conseguí y mantuve excelentes trabajos. Los logros me hicieron sentir bien; Estaba orgulloso de poder cuidarme económicamente después de crecer tan pobre.

El problema era que los momentos de "sentirse bien" eran siempre temporales. Nunca duró y me encontraba mirando por el cañón de un arma cargada; lleno de recuerdos perdidos que destrozaron cualquier esperanza de un futuro libre de dolor y angustia mental. Fue como si mi infancia se tragara mi vida; Sombra sobre mí, robándome cualquier rayo de sol o de esperanza.

Imágenes horribles que atravesaban la superficie de mi realidad simplemente aparecían de la nada, entrando y saliendo de la conciencia. A veces esas imágenes me perseguían, pero otras veces tenían el poder de llevarme. Al igual que ahora, mientras me siento aquí y les escribo, me encuentro perdiéndome en mis recuerdos cuando tenía ocho años; mirando al cielo cantando a las nubes, "Mis cielos grises se volverán azules algún día". Todavía puedo escuchar el intento desesperado e inocente de asegurarme a mí mismo "todo estaría bien". Luego, otras veces, le rogaba a Dios que me llevara a casa. Le diría a través de mi sufrimiento que no pedí que me dejaran sola, que me dejaran a un lado o que me abandonaran. Debo haber llorado ríos llenos de lágrimas tratando de convencerlo de que no pertenecía aquí en esta tierra. Abogué por mi caso. Él nunca vino, pero eso no me impidió creer que el cielo era mi único hogar y saber que Él era el único que me escuchaba.

Supongo que eso me dio algún tipo de esperanza a la que aferrarme, pero, la mayoría de las veces, la esperanza se sentía como una prima lejana; solo visitaba de vez en cuando y, a menudo, aparecía en breves medias lunas de tiempo. Fue en esos momentos que mi mente volvió a ser pequeña. Miraba las nubes para encontrar pequeños tesoros bailando sobre las copas de los árboles sacudidos por los vientos.

Incluso de adulta, encontré esperanza como lo haría un niño, en las mariquitas que se posaban sobre mí de vez en cuando o en la belleza de las majestuosas alas de mariposa. Podía imaginarme cabalgando sobre sus espaldas y volando, desapareciendo en el cielo, dejando atrás toda esta vida.

La "esperanza" se convirtió en una vía de escape para mí. Me permitió vivir en un lugar que cambiaba constantemente. Todos los días me las arreglaba para encontrar esperanza dondequiera que estuviera. No importaba dónde me dejaran o a quién me enviaran porque siempre estaba mirando lo que estaba encima de mí. Me encontraría flotando en los cielos cambiando las nubes, moviéndome a través de los cielos, porque siempre eran diferentes. No había un día como el siguiente, no había nada como quedar atrapado en un torbellino de amaneceres matutinos. Fue como si el amanecer del día complaciera a mi alma, ya que me prometió algo nuevo y me llenó de esperanza de un mañana mejor. La expectativa de algo más grande que yo misma me ofrecía algo que esperar. Me dio una vía de escape. Podría dejar mi cuerpo atrás incluso si fuera solo temporal.

Aprendí a sobrevivir, pero fue el cielo lo que me ayudó. El cielo estaba encima de mí y todo lo demás estaba debajo de mí. Al mismo tiempo, los cielos tenían una forma extraña de conectarme a tierra porque era lo único constante en mi vida; a diferencia de las personas. No importaba lo feo que se pusiera afuera, en los días más oscuros, en los más sombríos, en los días más nublados, los cielos nunca mintieron; me dijeron exactamente cómo se sentían. Fueron fieles así. Sabía cuándo llorarían o cuándo estarían llenos de alegría a la luz del sol.

A diferencia de las personas, que pueden ser felices un minuto y enojarse al siguiente. Podrían estar aquí un minuto y desaparecer al siguiente. Entonces, cuando era niña, las promesas vacías se volvieron normales y aprendí a aferrarme a quien quiera que estuviera allí. Nunca estuve muy segura de cuánto tiempo estarían aquí o cuánto tiempo estaría yo con ellos. Aprendí rápidamente, "la esperanza en la gente" siempre me decepcionaría, pero los cielos nunca lo hicieron.

No es de extrañar que después de un tiempo perdiera mi mente infantil y la esperanza pareciera escapar de mí. En cambio, me convertí en un prisionero de personas. Nunca fue culpa de ellos, pero los observé con atención. Encontré seguridad en complacerlos. Fue como un disfraz. Los imité y me convertí en una réplica perfecta de lo que eran, "repitiendo como loros" exactamente lo que querían para manipular su amor por mí. En algunas áreas de mi vida funcionó. A menudo me ascendían a roles de tipo supervisor en mis trabajos, pero en otras áreas se volvía increíblemente degradante y volátil.

Estaba tan desesperada por ser algo para alguien que me hipnotizaban aquellos que decían la palabra "Te amo". Los pondría en una colina, elevando su estatura por encima de la mía, permitiéndoles dictar mis sentimientos con la expectativa de que serían mi Príncipe Azul. Siempre estaba esperando al que fue enviado para salvarme; el que me sanaría.

Nunca me había sentido así antes, completa, completa, como si no faltara nada. Siempre había sentido un enorme agujero, una parte vacía de mí ansiosa por ser llena; como si toda mi persona fuera un Reino vacío esperando un Rey. No es de extrañar, ni un rayo de la nada, que acepté a cualquiera que subiera al trono y respondiera a los gritos desesperados de una niña rota, toda adulta. ¡Sí, esa era yo! Pasé mi vida suplicando ser amada. Respondiendo a las llamadas de cualquiera que esté dispuesto a ser rey sobre mí y completar lo que estaba roto por dentro. Fui yo quien eligió ser satisfecha por los deseos distorsionados de una vida que se encuentra en complacer a otra persona. Fui yo quien sintió como si quisiera arrastrarme dentro de su piel y existir solo en ellos.

La verdad es que ese era mi objetivo. Quería perderme en un amor con el que solo podía fantasear. No tenía identidad. No sabía qué era el amor. Nunca lo había sentido y me quitaron cualquier atisbo de cómo podría ser el amor. Mi único recurso era convertirme en todo lo que ellos querían que fuera, pero eso siempre me dejaba en el mismo camino solitario. Elegiría perderme en otra persona, dándole todo de mí misma, incluida cualquier forma de lo que pensé que podría ser, solo para terminar resintiéndome por ello.

La verdad es que el único trono al que serví fue un trono egoísta; un trono que se disfrazó de desinteresado, siempre dejando mis deseos y deseos para convertirme en un servidor de los suyos; con la esperanza de que mi servidumbre lograra de alguna manera lo que ni siquiera podía expresar que quería. Me había encadenado a la servidumbre. Una servidumbre limitada por expectativas poco realistas. Me entregué a mí misma esperando ser completa, pero me dejó con odio en mi corazón, no hacia los demás, sino hacia mí mismo. Serví a un dios; el dios del odio. Pasé mi vida adorando los tronos de la depresión, el auto desprecio y el odio en completa solidaridad para cometer violencia contra mí misma. Me odiaba y nadie podía hacer nada para cambiar eso. No podía soportar verme a mí misma. Raspé y arañé mi cara. Hablé cosas indescriptibles cortando mi corazón en un millón de pedazos con mis palabras. No necesitaba la ayuda de nadie más. Era completamente capaz de hacerme daño, de tensar las cadenas de la auto-destrucción. Estaba rota y todo lo que podía ver era mi quebrantamiento. Estaba concentrada en mi dolor y nada más que en mi dolor; se convirtió en mi gigante. Era mi Goliat y contra él, perdía cada vez. Perdí cuando me golpeé en la cabeza con el puño. Perdí cuando pasé horas contemplando mi suicidio y, a veces, intentándolo. Perdí cuando buscaba alguna muestra de amor, desesperada por algo, por cualquier cosa o por alguien que se inclinara ante mi necesidad de ser aceptado. La verdad es que nunca me sentí digna de ser amada. ¿Quién podría amar a alguien como yo?

Toda mi vida gritó a todo pulmón: "Eres inútil, desechable, sin valor, nadie podría amarte, ni siquiera tu propia madre". La verdad es que la vida me eligió a mí, pero yo no la elegí. No elegí nacer en una familia plagada de abuso y adicción. No fue mi elección ser abandonada, descuidada y maltratada. No fue mi culpa que lo único que se suponía que debía tener y no obtuve fuera amor.

Fui formado para el amor puro, no para el que consume la auto gratificación. Fui creada para el amor incondicional, no del tipo que se distorsiona en una magnífica exhibición de humo y espejos. Tenía una capacidad innata para comprender el tipo de amor al que me había acostumbrado, no era el tipo de amor para el que estaba hecha.

Sabía lo que quería, pero en cambio me conformé con cualquier parecido de amor que pudiera encontrar. En un intento desesperado por ser amada, respondí "sí" a todos los recuerdos desagradables de mi vida. Los ecos del caos que acepté de cada acción de cada persona gritaban cada vez más fuerte en mi conciencia. Ya no pude ahogar las voces que se introdujeron en mi realidad; cuando acepté ser obediente y convertirme en esclavo de la disfunción, obtuve lo que pedí. Pedí un rey; un rey que reine sobre mi corazón y me controle a cambio de la esperanza de que pueda encontrar la felicidad. En cambio, lo que encontré, dentro del corazón de otro, fue la aplastante sensación de amor no correspondido. No pude encontrar el tipo de amor que quería, pero eso nunca detuvo el deseo crónico por él. El anhelo de un amor puro e incondicional me llevó a los brazos de mi propio sufrimiento.

Aprendí muy rápido que el amor es igual al dolor y sin dolor no hay amor. Esto creó una especie de anhelo segado dentro de mí para torturar, torcer y distorsionar lo que realmente es el amor y todo comenzó siendo un hijo de adicción. Puede que no recuerde mucho de esos días, pero recuerdo claramente que deseaba desesperadamente ser amado por una madre que siempre elegía su adicción por encima de mí. Quería ser amada por la gente con la que vivía o me quedaba. Quería ser amada por mis tías y tíos, mis abuelos y primos. Quería ser amado por el único padre que conocía pero del que me quitaron. Quería el tipo de amor que me "retendría" sin importar qué; del tipo que no se va. Quería ser valorada y atesorada. Quería ser amada inocentemente desde un lugar de pureza y no perversión, pero lo que quería existía solo en los lugares desesperados y desiertos escondidos en las profundidades del vacío dentro de mí.

El deseo de amor era tan grande que sin siquiera darme cuenta, había invitado a mis abusadores de mi niñez a mi dormitorio todos los días. Cada relación era un reflejo de un pasado del que estaba tratando desesperadamente de huir. En cambio, "te amaré si" se convirtió en una forma de vida. Estaba tan desesperada por ser amada que reconocí el amor a través de los lentes distorsionados de esperanzas rotas y sueños caprichosos. Realmente creía que sin la presencia del dolor el amor era inalcanzable. Tenía que sentirlo, ser tocado por él, necesitaba una sobrecarga sensorial para llegar más allá del dolor que me causaba para poder experimentarlo. Estaba rota y nada de lo que intenté me volvió a juntar; sin relación, sin terapia, sin amistad, sin éxito, sin dolor. Nada funcionó.

No fue hasta que estuve al final de mí misma, cuando sentí que no me quedaba nada, que las oportunidades de darle una oportunidad a Dios llamaron a mi puerta o debería decir la puerta de mi ducha. Fue lo más extraño, no me lo esperaba, ni tampoco planeé que sucediera, simplemente sucedió, y todo comenzó con la sensación de que mi vida había terminado o al menos quería que fuera.

No había nada que pudiera satisfacer la profundidad de la soledad dentro de mí. Abrí la puerta de la ducha mientras el vapor caía en cascada en el aire. Entré para alcanzar el grifo mientras mi mente me decía que lo calentara más. Sabía que nunca podría calentarse lo suficiente, pero giré la boquilla todo lo que pude. Ya no tenía fuerzas para luchar contra ellos, pero la expresión de mi boca brotó de las garras de mis labios, cuando estas palabras se me escaparon: "quítamela, por favor, porque ya no quiero esta vida". Sostenía una hoja de afeitar en una mano mientras clamaba a Dios con la otra. Mis palabras se liberaron de la prisión dentro de mi alma y le dije al Padre de toda la creación: "¡Si eres real, sálvame de mí mismo!"

La ducha nunca pudo tocar ni limpiar la profundidad de mis sufrimientos. El vacío de mi interior se dividió en el piso de la ducha cuando caí de rodillas en total entrega a un Salvador que nunca conocí. En ese momento, apareció una Deidad a la que una vez le canté cuando era una niña pequeña. Su gracia me cubrió porque estaba demasiado débil para luchar. Demasiado débil para el odio, demasiado débil para el dolor; pero en mi debilidad me fortaleció; fuerza para enfrentar la verdad. La verdad sobre todo el dolor por el que me había sometido. Jesús no solo me escuchó sino que me vio allí. Vino y se sentó conmigo en esa ducha. Fue Jesús quien nunca se estremeció ante todas mis horribles verdades, sino que me amaba allí. Fue Él quien me encontró en el piso de la ducha, justo donde estaba, sola y vacía.

Mi alma llevaba la verdad oscurecida de mi pasado. Era una verdad de la que no podía esconderme. Fue la verdad lo que me robó toda la vida y la misma verdad de la que me esforcé tanto por huir. Sentí como si me cubriera con un manto de gracia. Allí mismo, rodeado de nubes iridiscentes de vapor con la fuerza de las gotitas cayendo sobre mi espalda, me encontró.

Me sostuvo allí mientras me mostraba un recuerdo de cuando tenía doce años. Mi mamá me había llevado para mi primer aborto. En ese momento, no tenía idea de la profundidad del dolor que me causaría. No sabía que ese mismo día, un todo vacío se abriría dentro de mi alma. Un todo que nunca podría llenarse con las esperanzas de encontrar el amor, porque acababa de perder la forma más natural de amor incondicional que jamás se haya creado. El amor entre una madre y su feto, mi vientre se había convertido en una tumba y ni siquiera entendía lo que me acababa de pasar. No entendí que esta onda en el tiempo haría vibrar ondas transversales horizontales a lo largo de los siguientes dieciocho años de mi vida. No sabía que arruinaría mi capacidad de sentirme amada porque la única persona en el universo que se suponía que debía protegerme estaba aliviada de que acabara de destruir una parte de mí. Pero la verdad es que ella tampoco lo sabía.

Entre el calor y el agua golpeando mi espalda, sentí como si limpiara cada gramo de dolor que mi alma había sufrido. Lloré cuando me dio el regalo más grande jamás dado a la humanidad. Él me dio el regalo del arrepentimiento, y con cada respiro, confesé cada aborto que me vino a la mente. Mi corazón estaba tan duro y ni siquiera sabía por qué. No sabía que mi dolor, sufrimiento y odio hacia mí mismo provenían de la muerte de mis hijos por nacer. No sabía que la decisión que tomé me robó la autoestima y la valía. No sabía con cada muerte, moría un poco más cada vez. No sabía, hasta ese momento, que el aborto me causaba tanto dolor.

Sentía la boca como si no me perteneciera; sus confesiones bramaron desde lo más profundo de mi alma mientras le pedía que me perdonara por cada aborto que había tenido. Vi cada recuerdo doloroso de la muerte que yo había causado irse por ese desagüe. Todas y cada una de las lágrimas fueron lavadas y, por primera vez en mi vida, me sentí realmente limpio.

Mientras me ponía de pie, levantándome del piso de la ducha, sentí como el peso del aire; mil libras menos. El mundo se había quitado de mis hombros; mi cuerpo tan ligero como una pluma. Salí para secarme y agarré una toalla para envolverme. El tiempo se sintió como si se detuviera como si estuviera atrapado dentro de un trance en cámara lenta, me di la vuelta para irme y la realidad regresó. Vi que mi mano se extendía para agarrar el pomo de la puerta del baño y justo mientras lo hacía, comprendí que estaba retrocediendo a la misma situación de la que quería huir. Mi abusador, esperando al otro lado de esa puerta; Olvidé que lo había traído conmigo. Me había traído el dolor de mi infancia y elegí vivir con él todos los días.

Los momentos de abuso volvieron a llover. Los tres nos alineamos en el sofá mientras él hacía desfilar a nuestra madre frente a nosotros. Lo vimos girar y girar su muñeca hacia arriba detrás de su espalda y golpear su cara contra la pared. Quería llorar pero sabía que no podía. No se me permitió mostrarle mi debilidad. Nos había entrenado bien al describirnos el color y el olor de la sangre fresca. Sacó su arma de la cintura de sus jeans y apuntó a su cabeza. Nos dijo que el poder detrás de una bala tenía la velocidad suficiente para salpicar su cerebro a través de la pared de la sala. Todo lo que podía pensar, mi corazón latía con fuerza en mi garganta, era "Por favor, Dios, no. Está lastimando a mi mamá"y yo era demasiado pequeño para marcar la diferencia, tenía miedo de gritar pidiendo ayuda. Estaba congelada como lo que estoy ahora.

Cuando salí del baño, supe que nada en mi vida había cambiado, pero todo mi mundo había cambiado. Entré en el dormitorio. El olor a ceniza rancio de los cigarrillos saturó mis pulmones. La inmundicia de mi vida estaba a mi alrededor. No pude cambiar instantáneamente las decisiones que me habían traído a este lugar. No podía chasquear los dedos y hacer que mis circunstancias desaparecieran, pero sabía que nunca más trataría de limpiar la suciedad de mi alma con agua y jabón porque finalmente estaba limpia. Sin mancha, sin imperfección, sin mancha, no estaba empañada ni descolorida. Sentí el brillo de Su luz iluminando el resplandor de mi alma. Me sentí como si me hubieran vestido de blanco con una prenda de gran tamaño que colgaba de cada miembro y le susurraba a cada parte de mí que estoy limpia.

El Viaje de Algo Brillante

Capitulo Dos:

La Verdad Me Hará Libre

Cerré los ojos y respiré hondo, como lo había hecho tantas veces antes, mientras caminaba por el suelo del dormitorio. No quería molestarlo. Tuve que calmar la emoción que explotaba dentro de mí. Tragué lo que acababa de pasar, como un nudo dentro de mi garganta, sentí que todo se deslizaba dentro de mi vientre.

A lo largo de los años, había aprendido a "dirigir" mi relación con mi abusador, pero todo lo que había aprendido se volvió distorsionado y extraño para mí. Algo había cambiado instantáneamente dentro de mí porque acababa de encontrar el amor real; amor puro, incondicional en todas sus formas, sin expectativas ni decepciones, solo amor, aceptándome como soy una especie de amor, sin adulterar como nunca antes lo había visto. Salí de la ducha y entré en esta habitación y de inmediato supe que la forma en que me trataba era una contradicción viviente con lo que acababa de experimentar. Lo que no sabía era cómo navegar por esta nueva verdad.

Una verdad que llegó a todos los rincones de mi ser, tocó cada pensamiento y me dijo que estaba limpia. Esta nueva verdad había superado generaciones de mentiras transmitidas de padres a hijos. Luchó contra todas las falsedades que me habían dicho; cada plaga sobre mi vida se detuvo en seco. Esta era una verdad que nunca había experimentado, una verdad con esteroides como si hubiera crecido músculo de la noche a la mañana; armando fuerte toda fabricación de engaño en sumisión. Esta verdad era una verdad que había conquistado el triunfo, el triunfo subía y el triunfo consumía mi corazón.

Esta verdad hizo que me enamorara de un Salvador al que apenas conocía. Esta verdad ya no era una cuestión; el signo de interrogación había sido eliminado y reemplazado por un punto. "ESTOY LIMPIA" fue más profundo que mi piel externa. Pasó por alto mi cerebro y todo lo que juré era verdad y aterrizó en la oscuridad de mi alma iluminando un amor que nunca había experimentado. No se basó en el desempeño o la manipulación. Estaba completamente fuera de mi capacidad y era más de lo que jamás hubiera esperado imaginar.

Sin embargo, esta nueva verdad, este nuevo amor, no podía cambiar el hecho de que todavía estaba muy bien en medio de una situación muy sucia. Había llegado a aceptar este estilo de vida de víctima / abusada como mi normalidad, pero contradecía todo lo que mi alma había encontrado en esa ducha. No era algo que quisiera, pero era algo familiar. Esta fue mi relación, la misma que elegí. No se lo desearía a mi peor enemigo, pero era lo que sabía y encontré consuelo en aferrarme a él. No hubo sorpresas. Sabía qué esperar.

Lo que no esperaba era recibir la noticia más devastadora de mi vida. No estaba preparada para lidiar con la muerte de mi madre. Ella había fallecido y todavía la necesitaba. Necesitaba que ella fuera normal. Necesitaba que ella fuera mi madre. No estaba lista para enterrar la esperanza de tener una relación madre-hija "normal" con ella. La única persona que amaba desde la distancia. La única esperanza a la que todavía me aferraba ahora se había ido y tenía que enfrentar eso, por elección, me mantuve alejada. Me quedé tan lejos como pude, porque dolía demasiado amarla.

Cuando era niña, supe que mi madre siempre fue diferente.

Había algo especial en ella pero también algo muy triste. A lo largo de los años, había logrado separar las diferentes personalidades que tenía. No sé si las amaba a todas, pero podía notar la diferencia y siempre me pregunté si alguien más podría hacerlo. Patricia era el ama de casa, PJ era la fiestera y Pat era dura y tenía trabajos duros; como constructor, electricista y soldado. Patty era la niña, pero se mantuvo oculta la mayor parte del tiempo. Cuando era pequeña, realmente no entendía cómo ponerla en palabras, pero ahora puedo articularlo.

Cada parte de mí cree que su adicción fue impulsada de alguna manera por su incapacidad para hacer frente a la vida cotidiana, pero eso no es una excusa. No la excusaré de las decisiones que tomó que lastimaron a sus hijos y destruyeron a su familia, pero la perdono. La entiendo más ahora que nunca antes. Puedo ser honesta al decir que es verdad que me dolió demasiado tener una relación con mi madre, pero eso no cambió el deseo de ser amada por ella. Me tomó años entender que ella era mi primer encuentro con el amor y dolía amarla. También dolía ser amada por ella. No sé si alguna vez se encontró con cómo era realmente el amor, pero supongo que también había aprendido que el amor es igual al dolor y eso es lo que nos transmitió. No creo que fuera intencional, pero era lo que ella sabía. Ella sabía que el amor era igual al dolor y cada una de sus relaciones nos enseñó eso.

No es que no lo haya intentado, pero cuando lo hice, me lastimé. Era más fácil mantenerse alejado y no volver por más. Hice todo lo que pude para evitar el dolor. No quería sentir y mi mamá me hacía sentir cada vez que estaba cerca de ella. Nunca pudimos tener una conversación regular porque siempre estaban plagados de lo siento y por favor perdóname.

Me hizo difícil hablar con ella. Ella siempre reflexionó sobre el pasado. Un pasado que nunca dejó ir y nunca se perdonó a sí misma; a pesar de que repetidamente le dije que lo hiciera. Éramos una familia de cinco; tres niñas y dos niños. Todos tenemos historias muy diferentes de una infancia bastante excitada; de todas las formas de abuso y negligencia enfermizos imaginables. Para mí, si evitaba a mi familia, también evitaba tener que pensar en una historia de la que estaba tratando de huir. Dolía demasiado pensar en la familia que una vez tuve. No la culpé, pero sí culpé a su adicción.

Aun así, no estaba preparado para despedirme. Todavía tenía la esperanza de que algún día pudiera tener una relación normal con ella. Solo tenía cuarenta y nueve años cuando murió. Su adicción finalmente la alcanzó y la noticia de su fallecimiento me alcanzó a mí. Caí de rodillas y sollocé. Lloré histéricamente porque había perdido a mi madre. Perdí a la mamá que recordaba de niña. La que me sentaba detrás de sus rodillas dobladas en el sofá y me alimentaba con helado de nuez y mantequilla mientras miraba Telenovelas. La que me enseñó la canción "Jesús me ama" y se rió de mis tonterías, el que me abrazó con tanta fuerza que pensé que seguramente iba a estallar y sí, el que nos hizo a todos huevos revueltos los domingos por la mañana y bolas de mantequilla de maní. en Navidad. Hubo un tiempo en que ella era "normal" y muy diferente a la forma en que pasó los últimos veinticinco años de su vida.

Después de recibir la noticia de su muerte, me tumbé en el suelo llorando y pensé en sus últimas palabras. Ella dijo: "Escuché que se mudará a Nueva York; sabes que no te volveré a ver. Entonces, vine a despedirme ". Fue tan extraño; apareció como siempre, de la nada. Ni siquiera sabía cómo sabía ella dónde vivía.

Después de que se fue, me di cuenta de que me robó los zapatos. Me reí y pensé que era igual que ella. No volví a pensar en ello cuando terminé de empacar y me mudé a Nueva York. No hasta ahora. Ahora me pregunto cómo pudo saber ella lo que yo ni siquiera podía imaginar.

Nos despedimos ese día, pero no la tomé en serio. Nunca pensé que realmente sería para siempre. Si lo hubiera sabido, le habría pedido que se quedara más tiempo. La habría abrazado más fuerte. Hubiera dicho que lo sentía. Le habría recordado a la madre que recordaba de niña, porque había reemplazado sus recuerdos por todos los malos. Ella nunca podría dejarlos ir. Quería que supiera que era una buena madre y que yo sabía que me amaba. Quería que supiera que era amable y que su adicción no la definía. Quería que ella supiera que cuando era pequeña, su amor brillaba tan intensamente que me cegaba de verla en su adicción.

No puedo decirte cuánto tiempo lloré en ese piso, pero cuando me levanté lo único que quería hacer era volver a Carolina del Norte; el mismo lugar del que había querido huir toda mi vida. Me recordó la escena en Forest Gump cuando Jenny se va a casa y comienza a tirar piedras a la casa en la que creció y, finalmente, Forest la derriba. Había hecho todo lo posible para poner la mayor distancia posible entre mí y esas colinas traseras. Para mí, nunca fue un lugar realmente específico porque arrojé piedras a toda mi existencia.

Había pasado tanto tiempo huyendo y tratando de olvidar mi pasado que en un abrir y cerrar de ojos, con un evento, todo volvió a mí y me conecté instantáneamente con las únicas otras personas en el mundo que podían entender; mis hermanos. Quería subirme al auto e ir lo más rápido que pudiera porque en ese momento nada más importaba.

No importaba lo que quisiera mi abusador. Siempre fue tan excesivo. Quería que volara allí, luego tomara una limusina para el funeral y luego volara a casa. Quería que hiciera una declaración que gritara a todo un pueblo pequeño: "Mírame ahora". Quería que dijera: "Soy mejor que tú". Quería tener el control de algo que estaba completamente fuera de su control. Por primera vez, no me importaba lo que él quisiera, solo quería subirme a mi auto e irme lo más rápido que pudiera y por primera vez, en mucho tiempo, hice exactamente lo que quería hacer.

Cuando recibí la noticia de mi mamá, él había llamado a una buena amiga, así que estaba lista para regresar a Carolina del Norte conmigo. Estaba tan agradecida de no tener que hacerlo sola. Aprecié quién era ella en mi vida y cuánto amaba con tanta libertad. A menudo me preguntaba cómo se sentía eso; si alguna vez se sintió sola pero silenció su dolor. Esta vez, simplemente estaba agradecido de que alguien se preocupara por mí lo suficiente como para aparecer; para ayudarme a superar uno de los momentos más difíciles de mi vida. Tenía una intuición sobre la vida de la que yo carecía. Sabía cuándo estar ahí y cuándo retirarse y dejar que alguien más tomara la iniciativa.

Realmente no recuerdo mucho sobre esa semana. Fue

doloroso. Pasé la mayor parte de mi tiempo entrando y saliendo de mi modo de "niña pequeña". La mayoría de las veces me quedé en la parte de atrás y me quedé en silencio, mirando con dolor mientras el mundo giraba a mi alrededor. Realmente no estaba presente. Me estaba escondiendo y me dolía. En un momento, mi cuñada me dijo: "Jennifer, has cambiado tanto que apenas te maquillas". En ese momento, ni siquiera lo había pensado. Simplemente estuve de acuerdo con ella porque tenía razón.

Mucho había cambiado desde la última vez que nos vimos. Recordé cómo solía usar maquillaje como máscara porque me odiaba mucho. Lloraba mientras miraba mi reflejo en el espejo. Todo lo que podía ver era mi fealdad y todas las cosas que me sucedieron. Juntaba mis manos en un puño y me golpeaba en la cara hasta que mi ira se calmaba. Luego me levantaba, me limpiaba y me ponía la cara. Después me facilitó ver mi reflejo en el espejo, era una máscara aceptable; una forma de separarme de lo que percibía que era mi realidad.

Me aseguré de ponerme la máscara para el funeral. Estaba lista. No quise llorar. Solo quería superarlo. Recibí una llamada telefónica del funerario aconsejándome que fuera temprano para ver a mi mamá antes de que comenzara el velatorio. Recuerdo caminar por la funeraria. Cuando entré por un camino de entrada a otra habitación, vi a mi hermano y hermana mayores de pie junto a su cuerpo. Estaba cubierto por una sábana blanca. Mi hermana levantó la sábana para cubrirse los hombros mientras miraba hacia arriba para verme parado en la puerta. El delicado toque de sus dedos tenía tanto amor en ellos y cuando sus ojos se encontraron con los míos pude sentir su pena, su dolor, sus lágrimas, su pérdida porque también era mía.

Nunca estás preparado para ver a alguien a quien amas en un cuerpo sin vida. Ella era un caparazón; no se mueve. Nunca la había visto tan quieta. Se hizo muy evidente que ella ya no estaba allí. Su fuerte personalidad se había ido de esta tierra. Su voz fue finalmente silenciada. Ella nunca más podría agregar o quitar de este mundo y no estaba preparado para verla así. No tuve más remedio que dejar ir la esperanza de que algún día ella estuviera en mi vida y no estaba lista.

Nunca llegué a su lado para estar junto a mis hermanos, para mirarla de cerca. Solo pude ver el perfil de su rostro y su cabello loco. Su cuerpo no tenía vida. Estaba tan quieto. Me asustó porque incluso en la adicción de mi madre, ella siempre era tan vibrante, ruidosa y llena de vida. A veces todavía gritamos en los grandes almacenes en memoria de ella, pero no pude ir más lejos. En el momento en que la vi, jadeé por aire entre mis gritos y la ineludible verdad de que ella realmente se había ido. Corrí lo más rápido que pude y me derrumbé en la silla más cercana. Lloré y repetí: "No puedo verla. No puedo verla así. No puedo hacerlo ". Mi papá estaba ahí para consolarme. Me dijo que estaba bien. No tuve que verla. Estaba bien llorar.

Tienes que entender que, en los momentos más difíciles de mi vida, mi papá siempre estuvo ahí. Simplemente apareció cuando más lo necesitaba. Quiero decir, ni siquiera lo conocí hasta que tuve casi dos años y me lo quitaron a los seis, pero nunca falló. Cuando no tenía a nadie, él estaba allí. Me recogió a las once cuando mi mamá fue a la cárcel y yo no tenía adónde ir, me sacó de una institución mental en la que mi mamá me puso, apareció para llevarme a casa cuando me escapé. Estaba conmigo cuando me casé y me divorcié. Él es mi papá terrenal y sé que Dios me lo envió como un regalo celestial. Dios sabía que necesitaría un padre como él.

Siempre podría ser yo mismo cuando estaba con mi papá. Nunca tuve que esconderme cuando él estaba cerca de mí. Él era el único en todo el mundo con el que me sentía segura. Me mantuvo y me amaba de la forma en que se supone que un padre ama a un hijo. Fue indulgente, amable y gentil. Fue paciente y parecía tener todas las respuestas a mis preguntas. Ya era mayor, tenía treinta y tantos años y, sin embargo, la niña que mantenía oculta del mundo siempre salía cuando estaba con mi papá porque se sentía segura.

Estaba conmigo mientras escribía el elogio de mi madre. Debo haberle hecho un billón de preguntas sobre Dios. No recuerdo mucho las conversaciones y realmente no recuerdo lo que escribí. Lo sé con certeza, definitivamente decía algo como, "nuestra mamá nos había dado alas para volar lejos de este lugar". No estoy segura de lo que pensaban los demás, pero quería que todos conocieran a nuestra madre, la oveja negra, la expulsada, la que nunca se sintió lo suficientemente bien, fue amada y querida por sus hijos.

Mi papá fue quien leyó el panegírico. Mi lengua estaba atrapada por el dolor. La más mínima expresión me haría llorar desconsoladamente porque estaba enterrando la esperanza de tenerla en mi vida, a la que me aferré durante veinticinco años.

Cuando su lectura llegó a su fin, miró a cada uno de los hijos de mi madre y dijo: "Tu madre cumplió su último deseo, que era que sus hijos estuvieran juntos de nuevo algún día y aquí están ustedes, todos juntos, por primera vez. Tiempo desde que fueron separados cuando eran niños. Ahora, no dejes que el tiempo te separe más ". Después de su funeral nos despedimos y volvimos a la vida, pero nunca podría ser la vida como la conocíamos. Algo había cambiado. Todo había cambiado.

Mientras conducía de regreso a Nueva Jersey, juré que nunca volvería a perder a mi familia. Me prometí a mí mismo y de alguna manera le estaba prometiendo a mi mamá que no me olvidaría de estar en contacto y hacer todo lo posible para asegurarme de que nunca más nos separamos.

No recuerdo mucho de lo que pasó después de llegar a casa. Solo sabía que Nueva Jersey nunca podría ser la misma, al menos no para mí. En algún momento, mi abusador me ofreció un hermoso anillo en forma de corazón con bordes de diamantes festoneados y acepté. Poco después, descubrí que estaba embarazada nuevamente. Sabía que tenía que decírselo, así que lo hice. Solo tenía una cosa que decir y era que no iba a tener un bebé "mestizo". Sabía que no quería hacer lo que siempre habíamos hecho antes. Quería que nuestro bebé viviera, así que le expliqué lo que me pasó en la ducha con la esperanza de que aceptara dejar que nuestro hijo viviera. Le expliqué cómo encontré la verdad, un Salvador amoroso y un regalo en forma de arrepentimiento, pero nada de eso le importaba. La esperanza que tenía de salvar a nuestro hijo desapareció cuando me entregó la píldora abortiva y me dijo que la tomara.

Fue una locura; mi boca estaba en piloto automático mientras me escuchaba responderle y me sorprendió la audacia de mi lengua. Ni siquiera sabía de dónde venían estas palabras, pero dije: "Lo tomaré porque tú me lo dices. Quiero que sepa que tiene toda la responsabilidad de esta acción porque es su decisión. No quiero tener otro aborto pero reconozco que eres la cabeza de esta casa. Por lo tanto, lo voy a aceptar, pero sé que habrá consecuencias y no sé cuáles son ".

Tomé la pastilla y me fui a la cama. Unas horas más tarde, comenzó. Ni siquiera se despertó. No le importaba. No era importante y yo tampoco. Me levanté de la cama y fui al baño. Empecé a sangrar y a llorar porque sabía lo que estaba pasando. Sentí que el bebé pasaba por el canal de parto y entraba en el inodoro. Quería mirar pero no pude; Tiré de la cadena y regresé a la habitación. Después, me acosté en la cama y lloré mientras él se acostaba a mi lado. Lloré por la muerte de otro niño. Lloré porque lo tiré por el inodoro. Lloré porque estaba mal y ahora sabía lo que no sabía antes. Lloré porque Dios me perdonó y lo volví a hacer. Pensé para mí mismo, ¿cómo podría Dios seguir amándome después de esto?

Unas semanas después, recuerdo despertarme en medio de

la noche con la fragancia más dulce. Era como una orquesta de besos matutinos con cascadas aromáticas superpuestas de olores cítricos y florales que se mezclaban juguetonamente a la vez. No quería volver a dormirme. No quería abrir los ojos. No quería que terminara. Tenía miedo de que desapareciera. Me quedé allí, respirando profundamente. Tomando aire y expulsándolo de mis pulmones. Sentí como si la esencia misma de mi Padre me despertara con los aromas más hermosos.

Creo que Él quería que yo supiera que Él estaba atento a mí y que nunca me olvidaría. Él sabía lo que estaba pensando, conocía mis luchas, sabía que amaba las flores y usó todo eso para llegar a través de mi dolor y tocar mi alma. El mismo lugar donde mis sentimientos habían sido heridos; Quería ser lo suficientemente buena para tener un hijo, con quien compartir una vida, pero no lo era. Dios conocía mi corazón porque me conoce mejor que yo mismo. No tenía idea de que esta sería la última vez que sentiría el tipo de dolor que dice que no soy lo suficientemente buena. En lugar de dejarme en mi dolor por hacer exactamente lo que sabía que Dios me mostró que estaba mal, eligió darme el ramo más asombroso de mi vida. El satisfactorio aliento de relajación y cada hermoso olor jamás creado llenando mi habitación, refrescando mi cuerpo y fortaleciendo cada parte de mí, me acunaron para volver a dormir.

Más tarde, esa misma mañana, me desperté con el pútrido olor de los cigarrillos fumados en cadena. Por el momento, había olvidado que vivía con un horno. Me di cuenta de que mi "Reino" comenzó a desmoronarse y el disgusto hacia "mi rey" había entrado en mi corazón. Literalmente, no pude encontrar la aptitud para amarlo más. Después de lo que había experimentado en el dormitorio supe que mi Dios todavía me amaba, pero yo no lo amaba. Un odio comenzó a crecer dentro de mi corazón y no me importaba nada; especialmente él. Se había accionado el interruptor. El grifo había sido cerrado y nunca había experimentado el tipo de rebelión que estaba a punto de enfrentar cada medida de su control.

Después de la muerte de nuestro último hijo, todo lo que quería hacer era correr, pero de alguna manera, sabía lo que realmente necesitaba, era más de Jesús. Una guerra se estaba librando dentro de mí y comencé a odiar a los hombres. Cada onza de odio almacenado durante veintinueve años estaba hirviendo justo debajo de la superficie. Sé que suena como el momento más inoportuno, pero lo primero que hice fue comprarme una Biblia. Compré la versión King James principalmente porque era de "Bible Belt, Carolina del Norte", y siempre había oído que era la única versión verdadera de la palabra de Dios.

Al principio, leí solo las letras en rojo porque sabía que estas eran las palabras que Jesús realmente dijo de su boca. Me salté todo lo demás. No quería saber qué tenía que decir otro hombre. No quería saber de nadie más. Jesús era el único de quien quería saber. En mi vida, muchos hombres me habían abusado. No podía confiar en nadie, ni siquiera en las letras negras de la Palabra de Dios. Solo quería a Jesús. Estaba enojada y herida y quería saber si lo que me había pasado en esa ducha era real. Quería saber si los olores que llenaban mi habitación eran reales. Quería saber si Dios era real. Si realmente se había presentado y, de ser así, ¿por qué tuve que pasar por esto de nuevo? ¿Por qué tuve que enfrentarme al aborto nuevamente? ¿Por qué tuve que inclinarme ante los deseos de los hombres? Odiaba a los hombres. No quería inclinarme. Había visto a mi madre inclinarse toda mi vida. Los hombres siempre fueron los importantes, mientras que a veces nos tiraron a la basura, a veces, lo suficientemente afortunados como para conseguir las sobras. Ya no quería sobras, no quería un Jesús heredado, lo que quería era saber que Él era real. Que Jesús es tangible, siempre presente en mi momento de necesidad. Entonces leí las letras rojas y algunas veces me ayudaron. No fui muy consistente al principio, solo aquí y allá cuando necesitaba dar un paso fuera de mí y de mi situación.

Después de la muerte de mi mamá, mi hermano menor vino a vivir con nosotros y se convirtió en testigo de toda mi locura. De hecho, mi prometido lo contrató para hacer algunos trabajos de construcción. Tener a mi hermano tan cerca de mí me hizo sentir como si tuviera un hogar. Sin embargo, eso no me impidió volverme un poco loca después de la muerte de nuestra madre y la muerte voluntaria de otro niño. Estaba decidida a vivir mi vida como quería. Desaparecería, me quedaría en casa de mi amigo. Conocí a un chico. Incluso tuve una aventura abusiva. Era un desastre, pero de alguna manera me las arreglé para mantener intacta mi vida laboral. Tenía una máscara para cada versión de mí mismo. Funcionó lo suficiente para que yo obtuviera lo que quería y saliera del control de mi prometido mudándome.

Era el día de Año Nuevo cuando lo dejé. El mismo día mi hermano empacó sus cosas y regresó a Carolina del Norte. No fue la primera vez que quise irme o la primera vez que hice las maletas para irme o la primera vez que amenacé con irme, pero fue la primera vez que me fui. Empaqué mi auto, le devolví su anillo en forma de corazón y me mudé con otra persona.

En ese momento, hizo que fuera fácil dejarlo. No podía esperar. Lo anticipé. Lo odié por lo que hizo. Lo odiaba por no amarme de la forma en que necesitaba ser amada. Lo odiaba por saber cómo usarme, cómo manipularme y hacer que le sirviera. Lo odié por alimentarse de mi dolor para poder sentir a través de mí. Sentí que tenía el derecho de culparlo por cada maldad en mi vida y, en ese momento, sentí que él era el mal que me lastimaba y ya no quería su tipo de amor.

Nada de eso detuvo la medida de control que tenía sobre mi vida. Había cambiado de ubicación pero mi corazón seguía siendo el mismo. No tenía idea de lo difícil que podría ser alejarse de alguien a quien has obedecido durante años. Una vez, me convenció de que lo acompañara a ver a un amigo en el norte del estado de Nueva York. En el camino de regreso quiso dejarme en mi apartamento. Sabía que no había forma de que quisiera que él supiera dónde vivía. Entonces, le dije que me llevara a mi auto. Me mostró el cuchillo que tenía en el asiento entre nosotros. Mi cuerpo se congeló como si estuviera atornillado en su lugar y el recuerdo de cada medida que usó para controlarme inundó mi mente.

Recordé cuando me desperté con él arrastrándome fuera de la cama, por el pasillo y por las escaleras del sótano agarrándome del pelo para "callarme". Recordé las innumerables veces que me obligó a hacer cosas inimaginables para complacerlo. Recordé que sus deseos siempre fueron más importantes que mi valor . Recordé las amenazas de violencia, la ira, el arrebato, la asfixia, las armas y las herramientas. Recordé la implacable vergüenza que siguió a complacerlo y cómo robó cualquier medida de brillo que me quedaba para darle al mundo.

Me enfureció que él supiera sobre algunos de los abusos que había sufrido cuando era niña y lo usó para su beneficio. Sabía de los recuerdos que me perseguían. Las palizas, los abusos, nunca desaparecieron. Sabía que mis sueños estaban plagados de miedo. Sabía todo sobre los terrores nocturnos que tenía. Lo sabía y todavía puso un cuchillo entre los asientos y una pistola debajo de él. ¿Por qué me mostraría eso? ¿Cuáles eran sus verdaderas intenciones? Creo que sabía que en el momento en que me lo mostrara, el miedo se apoderaría de mi alma y eso es exactamente lo que sucedió.

Mientras estaba sentada en su camioneta, sus acciones hicieron eco de un pasado del que no podía escapar, pero esperé el momento en que pudiera correr. Huiría de cada palabra malvada que escapara de sus labios esa noche. El miedo a lo que había en él y la oscuridad de sus ojos me atravesó con tal intensidad que el latido de mi corazón latía dentro de mis tímpanos. Acerqué mi mano a la puerta y cuando el vehículo se detuvo, salté y corrí hacia la oscuridad. No sabía exactamente dónde estaba. Lo que sí sabía era que la oscuridad no daba miedo. La frialdad del aire no daba miedo. Encontré un santuario escondido detrás de los árboles hasta que supe que se había ido. Llamé a un amigo para que me recogiera y me llevara a mi coche.

No pasó mucho tiempo después de que me fui y me mudé a mi propio lugar que mi hermano regresó de Carolina del Norte para trabajar más para mi ex prometido. Quería ver a mi hermano, así que lo convencí de que se quedara conmigo en mi nuevo apartamento durante el fin de semana. Cuando apareció, se sorprendió al conocer al chico con el que me mudé. Quería saber qué me pasaba y no pude responderle. Cuando terminó el fin de semana acepté llevar a mi hermano de regreso a la casa de mi ex en Manalapan. No esperaba quedarme. No tenía intenciones de regresar a esa casa o de volver a vivir con el hombre al que despreciaba, pero el tiempo tiene una forma de desgastarte. Después de todo, durante los meses de nuestra separación hubo muchas flores, regalos, y una vez me sorprendió al aparecer en Carolina del Norte, cuando estaba de visita para ver a mi hijo; que vivía allí con su padre y su madrastra. De hecho, me ayudó a comprar un vehículo, pero me aseguré, él lo sabía, de que no hubiera condiciones; tonto de mí. Fue tenaz; lo que quería, normalmente lo conseguía y, en ese momento, lo que quería era a mí.

Entonces, cuando llegué para dejar a mi hermano, me pidió que entrara. Al principio dudé, pero luego acepté. La mamá de mi ex me saludó y me dio un gran abrazo. Me contó cuánto me extrañaba y me animó a que le dijera a su hijo la verdad sobre todo y no me preocupara que todo saldría bien.

Después de hablar con ella, acepté que lo mejor que podía hacer era ser honesta. Entonces eso es lo que hice. Le dije que tenía una relación con otra persona. Me dijo que no importaba, lo único que quería era que volviera a casa. Me amaba y podíamos solucionar cualquier cosa. Era un manipulador increíble y me hizo sentir mal por lo que le estaba haciendo a nuestra relación. Me llevó de regreso al apartamento. Mientras empacaba mis cosas, mantuvo al hombre con el que estaba en la cocina. Le entregó un cuchillo y le suplicó que lo apuñalara, para que pudiera salirse con la suya. Es inimaginable que, incluso después de toda la locura, todavía vuelva.

Pasaría los siguientes cinco meses en pura tortura emocional y mental. Después de todo, lo dejé, estaba viviendo con otro hombre e iba a pagar por las decisiones que había tomado. El problema era que no importaba lo que hiciera o no hiciera; nunca sería suficiente. Tuve que verlo quemarse con cigarrillos repetidamente, ya que me decía que yo lo hice porque era la única forma en que podía lidiar con el dolor. Me animó a quemarme o cortarme para mostrarle cuánto lo amaba y cuánto significaba la relación para mí, pero sabía que nunca sería suficiente.

La explotación y el abuso sexuales se volvieron tan intensos que pensé con certeza que eventualmente me mataría. Estaba avergonzada en lo que me había convertido. Tenía miedo y miedo de dejarlo, ahora más que nunca. Verá, antes era una chica "buena", pero ahora era mala. Yo valía aún menos para él ahora porque mi imagen de chica "buena" había sido destruida y nunca podría ser reparada. Merecía que me trataran como el pedazo de basura en el que me había convertido.

Su control se volvió aún más intenso. Tenía que dar cuenta de cada minuto de cada día. Tuve que demostrar inflexiblemente que no estaba perdiendo el tiempo. Si quisiera ir a la tienda, tendría que hacer una lista de todo lo que necesitábamos en la casa y trazar un mapa de todas las tiendas de la ciudad. De modo que pude identificar la ruta mejor, más rápida y eficaz para realizar el trabajo. Dijo que era para asegurarme de que tenía un plan y que usaba mi tiempo sabiamente.

Si quería trotar por la noche, tenía que demostrar que había trabajado lo suficiente en la propiedad y en la casa para no desperdiciar mi energía. En sus términos, "si todavía tuviera energía para trotar por la noche, no debería estar trabajando lo suficiente en la casa". Después de todo, ¿por qué iba a querer correr en círculos? Si quisiera ser como un perro, él podría tratarme como uno. Tenía que responder a todas sus llamadas, incluso si era para encender su cigarrillo que estaba junto a él. No importaba dónde estaba o qué estaba haciendo, tenía que estar constantemente disponible para él. El aluvión de insultos y apodos fue implacable. Lo había estado haciendo durante años, pero la intensidad había aumentado sin medida y cuando alguien te dice que eres estúpido lo suficiente, le crees.

Desde mi regreso a casa, no pasó mucho tiempo para que me separaran de todos los que conocía. Tuve que dejar mi trabajo y quedarme con él sin parar, constantemente a su lado. No se me permitió salir ni hacer nada sin permiso. Estaba aislado con excepción de los que estaban en nuestra casa. Estaba desesperada. Necesitaba orientación y la Biblia que había comprado era confusa. Quería escuchar a Dios, pero las palabras de la versión King James sonaban poéticas. Me encantaba leerlo y me parecía hermoso, pero no entendía lo que intentaba decirme.

Estaba tan perdida. Entonces recordé que alguien me dijo que buscara una Biblia que entendiera. Me aconsejaron que fuera a la tienda y leyera un poco de todas las versiones y luego escogiera la que más entendía. Así que eso es lo que hice. Cuando mi ex prometido (novio actual) me vio leyendo la Biblia, me dijo que no podía tomar una decisión informada de elegir a Jesús sobre otras religiones hasta que hubiera estudiado todas las religiones del mundo. Entonces, en lugar de estudiar todas las religiones, me escondí de él mientras leía la Biblia. La leia en el sótano y, a veces, afuera. Empecé a leerla como un libro, de principio a fin. Quería saber más. Quería que Jesús me mostrara que Su Palabra era real y Él era real.

Al mismo tiempo, mi novio estaba cada vez más molesto por mí. Tocaba esa canción, de Guns N 'Roses "Antes la amaba, pero tenía que matar, tenía que ponerla a dos metros bajo tierra" y me decía que eso era lo que sentía por mí. Incluso trajo una pistola cargada al dormitorio y la puso en su mesita de noche junto a nosotros. Sabía que luché mucho con la depresión y en ese momento creo que tuve dificultades para diferenciar lo que era real y lo que estaba en mi mente. Los mecanismos de afrontamiento que había aprendido, a través de años de terapia medicada, se estaban desvaneciendo hacia un espacio plagado de desencadenantes.

Mi mente no podía seguir el ritmo del bombardeo de acoso día tras día. Me encontraba escondiéndome y golpeándome en la cabeza con el puño con más frecuencia que nunca. Ya no quería vivir de esta manera y no tenía salida. Ahora nunca podría escapar de él. Era peor de lo que había sido nunca y no vi una luz al final del túnel. Nada parecía mejorar, solo empeoraba progresivamente.

Hubo algunos momentos felices, cuando él estaba fuera. Me sentiría aliviado porque trabajaba en Washington D.C. y tenía que viajar. Cuando reflexiono sobre todo esto ahora, no puedo creer que se haya comprado un arma y me haya dejado en paz. Estoy bastante segura de que hubiera sido mucho más fácil para él si me hubiera suicidado con éxito. Creo que sabía que me dejó una respuesta, fácilmente disponible, a mis problemas. Me brindó la opción de terminar con todo el abuso en el fondo de su mesa de noche. No fue hasta que lo que él sabía se convirtió en un momento muy real para mí que casi consiguió lo que esperaba. Me encontré sentada en el suelo, mirando la pistola, levantándola a mi cabeza cuando de repente alguien empezó a golpear la puerta. Gritando: "Jennifer, ¿estás bien?" "¡Jennifer!" Fue una voz familiar que me sacó de un momento en el que mi mundo habría terminado.

Era mi papá, su voz familiar unos segundos antes de que me hubiera olvidado todo. Olvidé cómo se quedó conmigo después de que Mikey regresó a casa. Olvidé que él fue un apoyo silencioso para mí, animándome en cada paso del camino. Olvidé que fue él quien me dijo que comprara una Biblia que yo entendía. Olvidé cómo se quedaba en el sótano y hacía las tareas de la casa para mi ex prometido, que le pagaba.

Quizás mi abusador había implementado un plan para ayudarse a sí mismo a sentirse seguro en nuestra relación utilizando a mi familia para mantenerme allí con él, pero, en última instancia, la misma herramienta que trató de usar en mi contra fue la misma herramienta que me ayudó a ganar la fuerza. Necesitaba irme. No sabía que necesitaría una red de apoyo para sacarme. De hecho, ni siquiera estaba planeando irme. Quería desesperadamente que esta relación funcionara, pero Dios tenía otros planes.

Tan a menudo como podía, leía. Leía la Biblia todos los días, como un libro, y todos los días me encontraba leyendo mi Biblia más y más. Hasta que un día en el patio trasero algo cambió dentro de mí y no he vuelto a ser la misma desde entonces. Mi abusador debe haber estado ausente u ocupado en algún lugar porque no estaba en casa. Fue un hermoso día de verano en

Manalapan, Nueva Jersey. Había estado leyendo desde febrero y había llegado a Deuteronomio capítulo 30 versículo 8, que decía: "Y volverás a obedecer la voz del SEÑOR y seguirás todos sus mandamientos, que te doy hoy".

Esas fueron las primeras palabras que saltaron de esas páginas y aterrizaron justo en el medio de mi corazón. Simultáneamente, mi alma dio un salto, mis ojos se abrieron, el velo se levantó y de alguna manera supe que la misma fuerza que Jesús tenía para llevarse a la cruz era la misma fuerza que yo tenía viviendo en mi interior. Vivo y bien, lleno de poder, completa fuerza; Salté, corrí escaleras abajo, le conté a mi papá esta asombrosa revelación y él respondió: "Bueno, sí, por supuesto que sí". Le dije: "¿Sabías esto y no me lo dijiste?"

No tuve la emoción que esperaba, así que tuve que llamar a mi mejor amiga. Le conté la noticia. No podía esperar para compartir con ella esta asombrosa verdad. Esta revelación de la Palabra de Dios y cómo saltó de las páginas y aterrizó justo en el medio de mi corazón. No podía esperar para decirle que en un abrir y cerrar de ojos, mi alma prosperó y su única respuesta fue: "Por supuesto, Jennifer, ¿no lo sabías?" No pude contener mi entusiasmo y, sin embargo, tampoco entendí cómo todos sabían esta verdad y no me decían.

Sabía, desde ese momento en adelante, que quería contarles a todos lo que Dios me había dicho. Quería gritarlo desde las cimas de las montañas, pero todavía vivía en el valle. Quería que todos supieran que eran fuertes y que podían hacer cualquier cosa que Dios les pidiera. Esta verdad había cautivado mi alma. Esta asombrosa verdad no tenía la capacidad de dejarme ir jamás. Nunca más, no, nunca, nunca, nunca, nunca más volveré a ser la misma; No podía ignorar lo que sabía ahora, y lo que sabía me decía que tenía la fuerza para hacer lo que Dios me pidiera para vivir en mi interior.

Dios me había equipado para el viaje, empacó mi mochila para el viaje. Me dijo que siguiera sus "mandamientos", los que me daría hoy. En ese momento, no conocía los Diez Mandamientos, así que la interpretación de la palabra "mandamiento" significaba cualquier tarea o inspiración que Él puso dentro de mi corazón. Milagrosamente impartió el conocimiento que necesitaba para escuchar Su voz. De alguna manera supe cuándo era Él quien hablaba y todo lo que tenía que hacer era seguir Su guía.

Simplificó mi viaje y empacó mi maleta con la verdad que me ayudaría a llegar al destino al que me llevaría. Esta simple verdad lo cambió todo. Me liberó de la esclavitud que había atado mi alma a una mentira. Mi fe creció cuando Dios me equipó con oídos para escuchar la verdad más asombrosa jamás revelada a toda la humanidad. Una verdad que me dice: "¡La misma fuerza que Jesús usó para llevarse a sí mismo a la cruz, está viva y bien, viviendo dentro de mí!" Finalmente me liberé de la mentira que me decía que era débil, insignificante y sin valor ni valor.

La verdad es que la Palabra de Dios se convirtió en una "Palabra viva". Saltó de las páginas y aterrizó dentro de mi corazón, diciéndome lo que tenía que hacer y quién era realmente. Poco sabía que la verdad desencadenaría un viaje a un mundo donde ninguna esclavitud podría retenerme. Experimentaría libertades que ni siquiera sabía que necesitaba. Sería la verdad sobre mí lo que finalmente me liberaría.

El Viaje de Algo Brillante

El Viaje de Algo Brillante

Capítulo Tres:

Dios Gana

El Viaje de Algo Brillante

Caminé durante semanas asombrado por lo que no podía olvidar. Sus palabras, continuamente resonaban en mi espíritu. No me dejaron ir. Cada pensamiento, cada momento, volvía a sus palabras. No pude evitar recordar lo que puso dentro de mi corazón, "la misma fuerza que Jesús usó para llevarse a sí mismo a la cruz fue la misma fuerza que yo tenía viviendo dentro de mí; "Él se llevó a sí mismo". Seguí pensando en la fuerza que debió haber usado para "llevarse a sí mismo"; la forma en que sufrió y no pronunció una palabra. Fue crucificado, pero inocente. Él no tenía ninguna culpa; sólo las palabras de aquellos que tuvieron su estatura por encima de cualquier reproche, por encima de la verdad.

Sus palabras me recordaron ver la película, La Pasión, y cómo lloré todo el tiempo. La pantalla estaba mayormente borrosa por las lágrimas que inundaron mis ojos. Me acordé del dolor físico que debió haber sentido; qué insoportable, pero eso es lo que se podía ver en el exterior. Me pregunté qué estaba pasando en el interior de Él. ¿Qué lo haría llorar, grandes gotas de sangre, mientras oraba para que la copa pasara de él? No quería ser crucificado, pero estaba dispuesto a ser obediente.

¿Fueron las personas en las que derramó Su corazón? ¿Los que se apartaron de Él y se dispersaron en el momento de Su mayor necesidad? ¿Y aquellos que lo acusaron falsamente? No puedo imaginar cuán roto debe haber estado Su corazón por toda la humanidad. Y, sin embargo, la revelación de que Su fuerza vivía dentro de mí parecía más allá de mi capacidad de comprensión. La misma fuerza para ser torturado físicamente y no tener falta, para mantenerse firme en lo que Dios dice, sin pensar en el costo; esa fuerza estaba viva y bien, viviendo en mi interior. Apenas podía sondear la profundidad de esa verdad, pero me consumía.

Estaba en Deuteronomio, el cuarto libro de la Biblia. Tenía treinta capítulos y ocho versículos cuando me habló por primera vez. Tal vez para algunos, no es un gran problema, pero para mí, leer tanto de cualquier libro fue un milagro. Apenas pude sentarme durante quince minutos. Casi nunca veía películas porque mi mente nunca dejaba de girar el tiempo suficiente para llamar mi atención. Toda mi familia se refiere a mí como "la Reina Algo Brillante" porque no se necesita mucho para distraerme, pero había algo diferente en este libro. Cautivó mi corazón. No pude dejar de leerlo. Quería saber más. Quería acercarme a él. Me habló y no podía esperar a tener noticias suyas de nuevo.

Algunos podrían adivinar de qué estoy hablando, pero yo sabía que era Él, porque había algo en mi alma que fue cambiado por un entendimiento que no podía ser explicado. Un conocimiento interior, me había tocado la "Verdad", y no cualquier "Verdad", el tipo de verdad llena de gracia y misericordia, como nunca antes había visto o escuchado.

Una verdad que me mostró; como un espejo que se refleja en las partes más profundas de mi alma porque hasta ese día, en la ducha, ni siquiera se me pasó por la cabeza que había algo mal en lo que "yo" estaba haciendo. Siempre se trataba de lo que alguien me había hecho. Ese fue el día en que cambió mi perspectiva. No vino en forma de juicio, no vino en forma de te lo dije, vino en forma de Amor. El encuentro más asombroso vistió mi desnudez con misericordia mientras sostenía una hoja de afeitar en una mano y le pedía a Él que me salvara de mí misma.

Mientras me sentaba en el piso de la ducha, el arrepentimiento me cambió. No era necesario. No era una "marca de verificación" o incluso una "tarea pendiente". Fue un regalo que ni siquiera sabía que necesitaba. Tenía algunas preguntas sobre este Dios que encontré en la ducha, porque nunca había sentido tanta libertad. Era una locura, todo mi mundo había cambiado pero no había evidencia de que mi mundo cambiara en el exterior; solo existía en el interior donde nadie podía verlo excepto yo.

Estaba tan desesperada por más verdad, pero eso no cambió el hecho de que cuando abrí la Biblia, me vino una pregunta a la mente. Todo lo que quería saber era si lo que había encontrado era real. ¿Era realmente real y realmente quería amarme?

Todas las veces me preguntaba si era Él, apareciendo en las pequeñas sutilezas de la vida diaria animándome en cada paso del camino. Ahora sé que no hay duda, no hay duda, no hay que meditar o deliberar porque he visto Sus misericordias por mí mismo. Estoy seguro, absolutamente convencido. Solo pudo haber sido él quien sintonizó mi radio en una estación cristiana que nunca supe que existía, pero que decidí no cambiar nunca. Fue Él quien plantó las semillas del deseo de buscarlo más. Fue Él quien usó a las personas para guiarme hacia una relación con Él. Sé que fue Él y sé que usa a las personas. La razón por la que lo sé es porque la Biblia está llena de ellos. Lleno de historias de desilusión, desafíos, victorias, desamor y superación; el mensaje parece ser universal, no temas y confía en mí porque "YO SOY el Señor tu Dios", que ve, que ama y que redime.

Tenía tantas preguntas, ¿cómo podría encontrar las respuestas a todas ellas en la Biblia? ¿Cómo podría este libro cambiar mi vida? Bombardeé a mi papá con la magnitud de mi curiosidad; Siempre me resultó más fácil oír que leer. Recuerdo la primera descripción que hizo mi padre de mi Dios. Describió a Dios como el Padre que te pone en un bloqueo de cabeza, te da un tonto y te dice "ahora ve a intentarlo de nuevo". Mi amigo me dijo que Dios era como tomar tu primera taza de café matutino con tu mejor amigo, pero nadie me dijo que tenía Su fuerza.

Mi mente todavía estaba procesando el hecho de que Jesús estaba vivo y bien, lleno de poder, viviendo y respirando dentro de mí. Era como un vaso de agua fresca largamente esperado del que no podía obtener suficiente. Mi espíritu estaba reseco. Podía sentir las lluvias torrenciales llenar mi alma ahogando todo lo que pensaba que no era. Era como si Dios solo estuviera dejando atrás lo que creó en mí y se deshiciera de todo lo que no hizo. Me dijo quién era yo. Me dijo que era fuerte y que podía hacer cualquier cosa que me pidiera. Me dijo que me aceptaba como soy y que le obedecería por encima de todo porque mi fuerza proviene del que vive dentro de mí, pero aún quería estar segura.

Quería estar segura de que Él era real; Quería que me lo mostrara una y otra vez. Quería que fuera tangible e innegable. No quería otro recuerdo desvaído. No quería cantar la canción de Jesús me ama llena de dolor y desesperación. Quería cantarle lleno de alabanzas en el asombro de Su increíble amor por mí. Solo quería más de Él y la Biblia era la única forma en que sabía cómo conseguirlo. Quería escucharlo hablar de nuevo. Quería conocer Su palabra como si fuera la carne de mi cuerpo, la médula viviente de mis huesos; como sangre corriendo por mis venas.

Cuanto más leía, más me sentía como si Él compartiera una parte íntima de Sí mismo y me hiciera conocer una relación personal; divinamente invitado a un pequeño espacio destinado solo para dos. Éramos Él y yo y podíamos conquistar el mundo. Me sentí como si me hubiera colado por la puerta trasera de algún templo celestial y encontré en secreto una verdad que había sido escrita sagradamente en la tabla de mi corazón desde los cimientos de la tierra antes de saber quién era Él.

En ese momento, no tenía idea de que este primer encuentro con Su verdad cambiaría mi vida para siempre, que es exactamente lo que estaba buscando. Quiero decir, la única razón por la que tenía esta Biblia en mi mano era porque lo había intentado todo y con todos los demás. Nadie pudo ayudarme. Estaba rota y me sentía como la suma de piezas de un rompecabezas esparcidas que no tenían hogar. Simplemente no encajaba, pero tenía una asombrosa habilidad para hacer creer a los demás que sí.

Entonces comencé un viaje, y todo comenzó con mi final. Verá, morí el día que me dijo que Jesús vivía en mí. Morí por el odio a mí misma. Morí a la inutilidad. Morí por la capacidad de servir a un rey que era menos que el único Rey verdadero, vivo y bien viviendo dentro de mí.

No tenía idea de cómo sonaba su voz. No tenía idea de que las suaves y sutiles indicaciones estaban guiando los pasos para salir de una situación tumultuosa. Su voz nunca bajó del cielo con un megáfono gritando: "Jennifer, gira a la derecha", sino que se elevaron desde dentro de mí. Sabía qué hacer desde mis entrañas y no fue instinto. Era más que eso. Había una confianza que nunca antes había experimentado. Una protección que me cubrió en mi incapacidad de ocultar lo que estaba pasando dentro de mí.

Se hizo muy evidente un día en mi habitación cuando me obligaban a escuchar otra paliza de mi abusador. Las heridas que podía infligir con sus palabras cortaban profundamente y yo había estado cautiva durante años, pero no esta vez. Este día fue diferente, porque cuanto más hablaba, más se abrían mis ojos, más oían mis oídos con claridad. Ya no escuché sus palabras destructivas sino que escuché la manipulación que alimentaba su egoísta demanda de control. Cuando lo confronté, se puso furioso. Mientras estaba sentado allí como testigo de su aluvión de latidos masculinos en el pecho, soy un hombre, óíme rugir, locura, sabía en mi corazón que nunca le diría lo que Dios me estaba mostrando. Bajé la cabeza y me disculpé, afortunadamente, calmó la escalada de su ira.

En esos meses, después de mi regreso, fue un infierno. Usé un diario para expresar los altibajos de mi vida diaria. Era parte de mi terapia y realmente lo disfruté. Me permitió expresar las partes más profundas de mis luchas e inseguridades de una manera segura. Hasta que, por supuesto, mi abusador lo encontró. Encontró una entrada que yo había hecho de una lista de cosas buenas y malas que habían sucedido en un día. Los malos enumeraron todos los nombres de las aves que me llamó. Cada momento me hablaba y me hacía sentir menos. Cada gesto violento que hizo hacia mí. Hablaba de cuando me echó del coche a patadas, en medio de la nada, y me hizo caminar varios kilómetros antes de regresar a buscarme. No dije nada cuando volví al coche. Sin embargo, más tarde escribí en mi diario cómo supe que él quería controlarme y que yo fuera completamente dependiente de él. Contaba cómo su agresión me hizo retirarme y cómo nunca pude mostrarle lo que estaba sintiendo. Lo bueno enumeró cómo me abrazó cuando nos íbamos a dormir y cuánto lo disfruté. Contaba cómo pudimos saltarnos la parte de autolesiones, sin quemaduras, sin cortes, al menos no esta noche, lo que la convirtió en una buena noche.

El diario enfureció a mi abusador, porque se había convertido en un lugar seguro donde podía compartir mis pensamientos secretos. Los mismos pensamientos que no me atrevería a compartir con él. Su única respuesta, a mi diario, fue invadir la única privacidad que tenía y escribir dentro de mi cuaderno. Al leer las palabras que escribió, destruyó pequeños pedazos de sentimientos remanentes que quedaron tirados esperando algún tipo de redención. Estoy hablando de los mismos sentimientos que tenía por él, poco a poco, fue el destructor de mi esperanza de una reconciliación real y tangible entre los dos.

Sus entradas escritas en el único lugar seguro en el que había robado todo lo que quedaba dentro de mí. Mi corazón se rompió cuando leí sus palabras y pensé para mí misma que no tenía salida. No había forma de escapar de su medida de locura. Cogí mi bolígrafo y escribí por última vez en ese diario. Fue lo único que me vino a la mente. Era lo único que me quedaba por decir.

Las últimas palabras escritas en esas páginas surgieron de la profundidad de cada lágrima que había llorado. Fue tan simple. En ese momento no entendí la plenitud de lo que había escrito, pero entendí el consuelo que trajo a mi alma. Fueron solo dos palabras, definidas y fuertes, pero formaron una oración completa y completa. ¡Dios gana!

No sé si mi abusador volvió a leer ese diario. Lo que sí sé es que lo dejé abierto, con esas últimas palabras saliendo de las páginas. Poco después de que eso sucediera, tuvimos una larga conversación sobre cómo se sentiría privilegiado si Dios decidiera usarlo. Habló de sus grandiosos ideales de liderazgo mientras era rey del ejército de Dios y todo lo que podía pensar era en lo extraño que era escucharlo hablar de un Dios que no conocía. El mismo Dios del que se negó a dejarme estudiar o hablar.

Durante un período de algunas semanas, sentí que Dios me estaba impulsando a guardar algunas cosas cuando lavaba la ropa.

Escuché y tomaba mis camisas o jeans favoritos, los doblaba y los colocaba dentro de una bolsa en el sótano. No estaba realmente segura de por qué lo estaba haciendo, aparte de; debe significar que iría a alguna parte. En esas semanas no se dijo nada más. No tenía otra dirección. No hay otras revelaciones. Así que continué haciendo lo que me pidió.

El verano pasaba muy lentamente. Parecía haber batallas entre mi abusador y yo, sobre las cosas más simples. Como si quisiera llevar a mi hijo a Wal-Mart se convirtió en una discusión de toda la noche, y el permiso final se dio al día siguiente a las 9:00 am; después de ser rehén en la habitación desde la noche anterior.

Sabía que, en algún momento, tendría que llevar a mi hijo a casa. Se quedaba conmigo todos los veranos y me encantaba el tiempo que pasaba con él, pero no sentía que estuviera empacando para ese viaje. Sentí como si me llevaran a empacar solo mis cosas favoritas; mis jeans y camisetas favoritos. En ese momento, no cuestioné a Dios, simplemente lo hice. Quiero decir, hasta ahora, todo lo que me mostró sucedió exactamente como él me lo mostró.

Dios había preparado mi corazón para confiar en Él, pero no tenía idea de lo que realmente me esperaba.

Mientras esto sucedía, mi papá, que había venido durante el verano, estaba planeando un viaje de pesca para nosotros. Celebramos el cumpleaños de mi hijo, TJ, que pronto cumpliría doce años. Su plan era que nosotros tres fuéramos a Wildwood, Nueva Jersey. Al lugar que llamamos, "Los terrenos de la sirena pisando fuerte"; esta era la casa de su prima. Era la casa de su tía Mickey antes de morir. Nos contaba historias locas sobre ella. Nos dijo que ella siempre tenía un plato para Jesús en su mesa; que nadie podía sentarse. Una vez llamó a mi papá y le dijo que el huracán había sido bueno para ella ese año. Cuando mi papá le preguntó cómo, ella dijo, el hombre de seguros le dio un cheque de $ 10,000 y le dijo que no lo usara para una piscina. Ella estuvo de acuerdo y procedió a poner una piscina. Ella le dijo a mi papá: "Nunca pensé en eso antes de que él lo sugiriera, dispara, tengo ochenta y seis años, si me preguntan, les diré que el asegurador me dijo que lo hiciera". Nunca había estado allí antes, pero estaba tan feliz de salir de la casa y alejarme de la locura.

Tardaron unas 3 horas en llegar. Fue hermoso. Era una linda casita en la bahía de la costa de Jersey. Fue construido como una casa de botes hecha de piedra. Los interruptores de luz estaban en lo alto de la pared porque la casa se inundaba todos los años y todos los años, la tía Mickey recibía un cheque.

El terreno de las sirenas estaba lleno de amor y bondad. Eran un grupo colorido con audacia en su carácter. Las mujeres de este lugar eran fuertes en personalidad, llenas de vida y risas. Estaba tan feliz de que estuvieran compartiendo su riqueza porque me había sentido tan pobre; pobre de espíritu. Me animaron con sus canciones irlandesas; cantando junto con guitarras acústicas. La vida era hermosa, sentada alrededor de una mesa con luces colgadas, entrecruzadas contra el cielo nocturno. Pensé que había muerto e ido al cielo mientras inhalaba lo que realmente se debe sentir al vivir. Por primera vez en mucho tiempo sentí como si mi alma sonriera.

En ese momento, me enfrenté a la verdad. No había estado viviendo; Había estado sobreviviendo y luego sonó el teléfono. Mi prima se levantó para contestar y gritó mi nombre, Jennifer, es para ti. Mi corazón se hundió y la esencia de este momento mágico se disipó con una llamada telefónica de él, mi abusador. No quería contestar el teléfono, pero lo hice. Me levanté y caminé por la parte trasera de la casa. Estaba un poco oscuro allá atrás, pero mi primo dijo que estaría más cerca si iba por ese camino. Mientras atravesaba la oscuridad, me llamó la atención una vieja y destartalada verja blanca. Estaba cubierto por el crecimiento excesivo de la negligencia. No habían tocado ese muelle desde el último huracán dos años antes. Podría haber jurado que escuché las palabras, "sígueme" surgiendo de la boca de mi estómago o debería decir desde el fondo de mi alma.

Me apresuré a coger el teléfono. Su voz áspera, dura, aguda y apremiante; me dijo que tenía que conducir de regreso a la casa esa noche y que podía regresar por la mañana para el viaje de pesca porque el bote no salía hasta las seis de la mañana. Todo lo que podía pensar era cómo iba a irme ahora mismo y regresar a las seis de la mañana. Su casa estaba a tres horas de distancia y ya eran más de las nueve.

Era una locura, pero ¿cómo podía esperar algo menos que

eso de él? Colgué el teléfono y caminé por la parte trasera de la casa. Una vez más, mis ojos eran como imanes para esa vieja y destartalada puerta. Escuché, "sígueme". No pensé mucho en eso al principio. Me encogí de hombros y seguí caminando.

Volví a la mesa, pero no quería despedirme todavía. Me estaba enamorando de estas personas y su expresión de vida. Sentí que podía respirar por primera vez y me encantó compartir el mismo aire con ellos. Este lugar fue mágico. Respiré hondo y me reí con ellos. Los escuché cantar y dejé que mi alma siguiera sonriendo un poco más antes de que el teléfono sonara de nuevo.

Me puse de pie y les dije que probablemente era para mí y que lo conseguiría. Sus voces se desvanecieron en el fondo cuando el peso de lo que estaba a punto de decir atravesó mis pensamientos como un ansioso estrangulamiento apretando mi garganta. No podía tragar, pero mis ojos fueron nuevamente atraídos hacia esa vieja y destartalada puerta y escuché: "Sígueme".

En cambio, me apresuré a entrar para contestar el teléfono.

Podía escuchar el peso de su ira en la otra línea; el aliento de su rabia siendo controlado por la manipulación en su lengua. Su sereno intento de atraerme a la obediencia al controlarme con miedo tuvo poca resolución, porque aún no me había ido. Su fracaso se podía escuchar en la irritación de su voz y me di cuenta de que necesitaba saber que tenía poder sobre mí. Entonces, le dije que me despedía y que me iría ahora.

Después de nuestra conversación, había llegado a la conclusión; No tuve más remedio que decirle adiós. No quería empeorar las cosas de lo que ya estaban. Colgué el teléfono mientras preparaba mi corazón para decirles que tenía que irme. No quería decirle a TJ y a mi papá que volvería por la mañana o decirle adiós a las sirenas. Quería quedarme, pero no veía cómo era posible. Mi corazón se rompía, lleno de dolor, preocupado por la idea de regresar. No quería ir.

Cuando me volví para caminar por la parte trasera de la casa, escuché, muy claramente, "SÍGUEME". Miré hacia esa vieja y destartalada puerta y pensé, ¿ahí dentro? ¿Quieres que entre allí? Escuché de nuevo, "Sígueme". Pensé para mí misma, eso da miedo, ¿qué pasa con las arañas? Solo hubo una respuesta; "Sígueme". Todo el tiempo que estuve discutiendo conmigo mismo sobre entrar por esa puerta, mis pies no dejaban de moverse hacia ella. Le expliqué que nadie había estado allí durante años y las únicas palabras que me volvieron fueron, "SÍGUEME".

No podía negarlo, estaba hablando de nuevo. Mis pies siguieron moviéndose hacia adelante, hasta que mi corazón los alcanzó y entonces nada iba a detenerme de seguirlo. Caminé hacia la puerta y levanté el pestillo para abrirla. Mantuve los ojos cerrados y entré. Unos pasos adelante y me di cuenta de que estaba de pie en un viejo muelle averiado. Tenía agujeros y apenas era lo suficientemente resistente para caminar. Todo lo que podía pensar era, "aunque camine por el valle de la muerte, no temeré". No conocía esa escritura, pero probablemente la escuché en alguna parte antes. Era todo lo que sabía y Dios lo usó. Repetí ese verso mientras zigzagueaba por ese muelle, esquivando algas marinas crecidas o cualquier otra cosa que creciera en la bahía trasera de la costa de Jersey. A medida que avanzaba por el muelle, comenzó a abrirse y hacerse más y más ancho. Cuanto más avanzaba, más resistente se volvía, hasta que llegué al final.

Se abrió de par en par y la luna estaba tan brillante que parecía el mediodía. Realmente no sabía qué hacer. Así que me acosté boca abajo en ese muelle y dije, está bien Dios, aquí estoy, te seguí hasta aquí, ¿y ahora qué? Sé que esto suena loco, pero sentí como si estuviera siendo cubierta, vestida por las alas de mi ángel fortalecedor, me quedé allí con los ojos cerrados. Respiré profundamente como si estuviera respirando la plenitud de mi Dios, mi Jesús, Aquel a quien acababa de conocer. No recuerdo cuánto tiempo estuve ahí, pero debe haber sido un tiempo. Me acosté bajo la luna al final de ese muelle y Dios me sostuvo. Me amaba en ese lugar. Fortaleció nuestro vínculo y me dijo que podía confiar en Él que era un Dios amoroso. No estaba realmente en palabras, pero podía sentirlo allí conmigo. Mi rostro hacia abajo, la luna en alto y Su abundante gracia cayeron sobre mí una y otra y otra vez.

Tranquilidad, fortaleza, poder, pero sobre todo amor; Sentí Su amor por mí. Fue tangible. De alguna manera, mi alma fue tocada por eso y una vez más, nunca volvería a ser la misma. Mi fe se fortaleció, mientras yacía allí, comencé a ver imágenes que se desarrollaban como una película en mi mente. Me vi levantarme, ir al teléfono y decirle a mi abusador, si él quería que estuviera en casa esta noche, solo sería para empacar mis cosas e irme. De lo contrario, lo vería mañana. No estaba seguro de lo que Dios me estaba mostrando, pero sabía que venía de Él.

Fuera de la oscuridad, detrás de la vegetación, pude escuchar a mi padre llamarme "Jennifer". Tenía tantas ganas de decir, Dios me está hablando, déjame en paz. Todavía no estoy lista para levantarme. Pero no lo hice. En su lugar, dije, estoy aquí, estaré allí en un minuto. Cuando me levanté de ese muelle y me puse de pie, mis rodillas comenzaron a temblar. Estaba demasiada asustada para responderle a mi abusador. Él me había controlado durante más de seis años; moldeado para ser obediente y no desafiante. Le dije a Dios que tenía miedo de hablarle de esa manera. Tenía preguntas, como ¿cómo iba a responder y por qué Dios dejó esa parte fuera?

Pensé que tal vez necesitaba más tiempo con Dios, para que Él pudiera mostrarme lo que iba a pasar después y luego mi papá volvió a llamarme por mi nombre y supe que era el momento.

Era hora de que hiciera lo que Dios me había mostrado que hiciera, pero eso no impidió que las preguntas bombardearan mi mente. Mientras seguía mis pasos de regreso a esa vieja y destartalada puerta, seguí haciendo preguntas; como, ¿qué pasa si mi abusador acepta que vuelva a casa para hacer las maletas y me vaya? A donde iria No estaba lista para decirle eso. Mientras continuaba poniendo un pie delante del otro, me di cuenta de que mis pensamientos comenzaron a inclinarse ante la visión que jugaba dentro de mi mente.

Le dije a Dios que nunca le había respondido, pero debido a que Él me mostró en una visión lo que diría, diría exactamente lo que Dios me mostró. Esperaba lo peor; mi corazón latía con fuerza en mi pecho, mis rodillas temblaban, apenas podía ponerme de pie, entré de regreso a la casa y cogí el teléfono. Marqué el número y esperé a que contestara. Le dije: "Si quieres que esté en casa esta noche, será solo para empacar mis cosas y marcharme". Contuve la respiración mientras esperaba su respuesta. Por un momento, se quedó callado. Luego dijo que estaba bien, puedes quedarte a pasar la noche, te veo mañana.

No lo podía creer. ¿Por qué no escuché enojo en su voz? ¿Acabo de conquistar a un león? Estaba asombrada de este Dios asombroso. El que habla y yo escucho; el que sabe más de lo que yo podría saber jamás; el que me sostuvo al final de ese muelle y que escuchó mi corazón cuando dije que no estaba lista para irme; el que me dio lo que pedí. Él es seguramente, el que se preocupa por mí.

No lo podía creer. Realmente tenía su fuerza. Este hombre me había perseguido durante tanto tiempo y sin motivo. Lo había amado y entregué mi vida por él. Hice todo lo que me pidió que hiciera sin dudarlo y, sin embargo, él era mi acusador. Me acusó de insolente, irrespetuoso, estúpida y desobediente. Él era mi gigante; el león que merodeaba por la tierra, enviado para devorarme, para destruir todo lo que era bueno dentro de mí. Sin embargo, mi Dios consideró apropiado usarme para cerrar la boca del león, para destruir al gigante que vino a destruirme y lo hizo con una visión.

No cometer errores. Me usó. Me pidió que me llevara hasta

el teléfono y obedecí. No puedo explicar con palabras la fuerza que necesitaba para hacer eso. Solo puedo decir que la fuerza, esa misma fuerza que Jesús usó para llevarse a sí mismo a la cruz, vivía en mi interior y la aproveché ese día.

Dios me enseñó la lección más valiosa que pude aprender; es decir, no hay gigante más grande que él. Ningún reino que pueda conquistar Su Reino. Ningún enemigo que pueda derrotarlo y ningún león cuya boca no pueda cerrar.

¡Él es el DIOS que gana!

El Viaje de Algo Brillante

Capítulo Cuatro:
Una Forma de Escapar

El Viaje de Algo Brillante

Regresamos de Wildwood New Jersey el 17 de julio y me sentí como si estuviera en la cima del mundo. Había conquistado al león furioso que me había conquistado durante tanto tiempo. Fue difícil ocultar la confianza de mi fe. Tenía alas y deseaba tan desesperadamente volar que hacía casi imposible la dificultad de ocultar lo que Dios me estaba revelando. Se había convertido en el "elefante de la habitación".

El cambio fue extremadamente visible. Sentí que estaba sucediendo a un ritmo que tenía dificultades para seguir el ritmo. Mi boca se estaba volviendo más grande que mi capacidad para controlarla. La niña que se escondía dentro de mí, la que se escondía de cualquier medida de confrontación, estaba creciendo. Ella estaba aprendiendo a usar su propia voz y hacerse escuchar, pero esto estaba sucediendo debajo de la superficie donde nadie podía verlo, solo yo.

Hubo un problema; No podía dejar de sostener mi cabeza un poco más alto y parecía que mi presencia enfurecía cada grano del ser de mi abusador. Mis ojos ya no estaban fijos en mis pies. Comencé a hacer contacto visual, pero no intencionalmente. No estaba tratando de ser ofensiva o provocadora, pero era como si mi abusador pudiera oler la bondad que vive en mi interior y eso lo enfureció. Una cosa quedó muy clara, a mi abusador le quedaba un nervio y yo estaba en eso.

Sabía que yo no era el mismo, porque cómo se sentía ya no importaba. Ya no podía moldearme a mí misma en la imagen que él quería que fuera; ese encuentro me cambió. Ya no podía subordinarme a todos sus deseos, necesidades y deseos. Ya no me importaba si él estaba satisfecho con quién era yo o cómo me estaba comportando. Ya no necesitaba su aprobación. Tuve un encuentro con Aquel que me aprueba. El que me ama tal como soy y por primera vez en mi vida, estaba satisfecho. Estaba satisfecho conmigo mismo. Vislumbré el amor de Dios por mí y tocó todos los pedazos rotos. No tuve el poder de agachar la cabeza porque no funcionaría, mi redentor vive y Él es el que sostiene mi cabeza. Las razones para desvanecerse en un segundo plano o en otra persona habían desaparecido. Simplemente no era ni podía ser el mismo.

Sin embargo, continué haciendo todo lo posible para no inflamar sus tendencias violentas y evitar el mayor conflicto posible. Sobre todo, me mantuve ocupada. Siempre había algo para lavar. Era una de las cosas que sabía que Dios todavía me estaba pidiendo que hiciera, así que seguí guardando algunas cosas en una bolsa en el sótano. Me encantó porque me hizo sentir conectada a un Dios invisible pero muy presente y personal.

Hubo una vez, cuando estaba buscando cosas que necesitaban lavarse, fui a mi armario y ahí es donde las vi. Los pantalones, mis ojos pegados a ellos, todavía estaban envueltos en plástico de la tintorería. Pensé por dentro de mi, ¿cómo voy a conseguir que esto pase? Tengo que caminar junto a mi abusador para llegar al sótano, pero eso no me impidió sacar los pantalones negros de seda con incrustaciones de diamantes de Swarovski de mi armario. Eran hermosos y encajaban perfectamente. Tenía tantas ganas de empacarlos, pero mientras los sostenía en mi mano, sentí que una pregunta surgía en mi conciencia. Me preguntó: "¿Merecen la pena?" y por un momento pensé que sí. Hasta que la pregunta cambió en esencia, esta vez, había urgencia en la pregunta que no había notado antes. "¿Merecen la pena que descubra lo que te estoy pidiendo que hagas?" Eso cambió todo, mi corazón latía con fuerza en mi pecho como si mi abusador estuviera al tanto de esta conversación privada que estaba pasando dentro de mi cabeza. Los devolví tan rápido como los había quitado.

Sabía que mi abusador no conocía la conversación que tenía lugar dentro de mi cerebro, pero mi mente había sido entrenada por él. Tenía miedo de esconderle algo porque para mí él lo sabía todo. Por loco que parezca, se habría dado cuenta si yo hubiera empacado esos pantalones. Me mantuvo bajo llave; que incluía todos mis documentos de identidad. Tuve suerte de tener todavía mi licencia de conducir. A lo largo de los años, se aseguró de que yo supiera quién era y qué tenía disponible para él. Me contaba cosas sobre mí que había olvidado. Creo que hizo eso para infundir miedo en mí, de modo que sentí como si no pudiera alejarme de él. Se aseguró de mostrarme lo fácil que era para él encontrar información sobre cualquier persona, en cualquier momento y en cualquier lugar. Se jactó de su puesto, la información que conocía y la autoridad que tenía en el Servicio Marshall de los Estados Unidos. Me contó sobre su acceso a información ultrasecreta y usó su posición para asustarme. La verdad es que no tenía ninguna razón para creer menos de lo que él demostró. La evidencia habla por sí misma.

Solo había una cosa de la que no estaba al tanto y eran las conversaciones que estaban sucediendo en mi interior. Supongo que para algunos eso suena un poco loco y créanme, hubo momentos en que cuestioné mi cordura, pero a pesar de todo eso, Dios nunca me falló. Las cosas que Él me mostraría realmente sucederían. Fue Dios quien fue edificando mi fe precepto tras precepto, paso a paso. A veces eran solo pequeñas cosas; cosas que nadie nota más que yo.

Me estaba enseñando el sonido de su voz. Quería que lo escuchara con claridad, lo reconociera cuando hablaba y le respondiera cuando llamaba. Todo lo que tenía que hacer era dejar que Él fuera la guía, mientras estaba aprendiendo, que Dios podía hacer con facilidad lo que yo no podía hacer con todo mi esfuerzo, usando cada medida de fuerza que tenía. Así que continué, poco a poco, empacando solo lo que pasaba desapercibido. Todavía no estaba segura de adónde iba o por qué estaba empacando. En un momento pensé por dentro de mi que tal vez me iría a Florida a visitar a mi hermana mayor. Realmente no pude pasar mucho tiempo con ella después del funeral. Tuvo que volar rápidamente.

El tiempo no podía pasar lo suficientemente rápido para mí. Seguí poniendo un pie delante del otro en cada momento de cada día, esperando, pero no estaba realmente segura de lo que estaba esperando. Hubo algunas noches difíciles; noches que me mantuvo despierta hasta la mañana con antídotos de autolesión. La animosidad que contaminaba su corazón se articuló inteligentemente como un séquito de azotes verbales. Podría soportarlos, me habían entrenado, pero la vida no es esperanzadora cuando estás indefenso.

En esos momentos no pude hacer más que soportarlos, esperando pacientemente el cambio o alguna otra dirección. Durante esos momentos, pensé en cómo algunas personas dicen que el abuso emocional es peor que el abuso físico, pero al experimentar ambos, creo que logra lo mismo; viene, roba, mata y destruye. Estaba cansada y no estaba seguro de que lo que estaba pasando fuera normal y todo lo que seguía preguntándome era la misma pregunta, ¿qué era normal de todos modos?

Mi mente se preguntaba hacia lugares donde contemplaba el valor de la vida y tomaba en consideración nuestra relación. Parecía que las únicas dos cosas que esta vida y esta relación tenían en común eran la vergüenza y la vergüenza. Pensaba en él tocándome y lo único que quería hacer era correr, pero no podía volver a hacerlo. No podía irme de nuevo y regresar porque no estaba seguro de sobrevivir a otra maniobra como esa. Seguí esperando que mejorara. Nunca se me ocurrió que hubiera una respuesta diferente.

No se me ocurrió hasta que llegó la respuesta y vino de repente. Recuerdo el día con tanta claridad. Le preparé el almuerzo y lo tiró a la basura. Expresándome lo patético que era y que nada de lo que hacía era suficientemente bueno. Saqué el bote de basura del dormitorio y lo vacié en la basura de la cocina. Cuando miré hacia arriba, todo lo que podía ver era la puerta del sótano. Conduce a un lugar donde antes había encontrado refugio. Estaba oscuro y podía estar sola. Necesitaba estar a solas con Dios. Necesitaba sentir Su amor por mí una vez más. Necesitaba fortalecerme para poder seguir viviendo así.

Me acosté, mi cara al piso de concreto, enterrada en mis manos. Grité, una vez más, "¡Oh Dios, sálvame! Ya no puedo hacer esto. Estoy cansada. Quiero rendirme, no puedo hacerlo. ¡Sálvame!"

En ese momento, tuve otra visión, como una película en mi mente. Me vi subiendo las escaleras, bajando por el pasillo y entrando en nuestra habitación. Me vi a mí misma diciéndole que quería irme para llevar a mi papá y a TJ de regreso a casa. Sabía que era antes de lo que normalmente llevaría a TJ a casa, pero que solo quería que las cosas volvieran a la normalidad con él. Quería que solo fuéramos nosotros dos.

Tenía miedo, pero sabía que Dios estaba conmigo, me había guiado a través de algo muy similar hace apenas una semana. Podría hacer esto de nuevo. Podría hacer esto con Dios. Estaba nerviosa, pero ahora mi fe tenía fortaleza. Me levanté e hice exactamente lo que me había visto hacer en la visión. Una vez más, Dios no me mostró cuál sería la respuesta de mi abusador, pero sabía que no necesitaba conocer su respuesta. Solo necesitaba escuchar y hacer lo que Dios me había mostrado que hiciera.

Llegué a la habitación y salió de mí, palabra por palabra, sin ningún esfuerzo y él no podría estar más feliz con mi decisión. Tan pronto como pude, les dije a TJ y a mi papá que nos íbamos de Nueva Jersey a Carolina del Norte. Necesitaban hacer las maletas lo más rápido posible porque nos iríamos en una hora. No sabía por qué era tan importante para mí irme tan rápido como lo hicimos, pero sabía que teníamos que hacerlo.

Mi bolso en el sótano estaba casi lleno, así que todo lo que necesitaba era sacar algunas cosas de la habitación. Me iría por siete días y me quedaría en la casa de mi hermano Mikey. Él estaba bien con eso. Había construido una especie de confianza con mi hermano y saber a dónde íbamos debe haberle dado cierto nivel de consuelo.

No tenía todos los detalles, pero sabía que no

regresaríamos. Le dije a mi papá, pero no le dije a mi hijo TJ. Solo me aseguré de que tuviera todas sus pertenencias. Tomé mis fotos, mi bolso y recordé mis joyas. Corrí escaleras arriba para sacar algunas piezas de mi joyero. Él se rió diciendo, ¿qué haces tomando todas tus joyas, no vas a volver?

Por un segundo, perdí el aliento, antes de darme cuenta, mi boca pronunció las palabras, "por supuesto que voy a regresar, solo me gusta usar mis joyas". Me pidió que me acercara a él. Mi corazon se hundio. A medida que me acercaba, noté que estaba buscando cruceros en línea. Dijo: "Estoy planeando un crucero para ti y para mí cuando regreses". Le dije: "Es genial, no puedo esperar para ir contigo", pero por dentro, sabía que no quería volver a verlo nunca más. Se volvió y siguió mirando cruceros. Salí por la puerta, recorrí el pasillo y volví al sótano.

Mi bolsa de lona era tan pesada que mi papá y yo tuvimos que llevarla al auto, mientras tratamos de actuar con la mayor normalidad posible, cargándola en el hatchback de mi Jeep. Mi corazón estaba latiendo. Sentí como si saliera de mi pecho. No tenía idea de adónde iba, solo sabía que me iba. Me dirigía de regreso a Carolina del Norte, donde estaba mi familia, pero todavía había una sensación inminente de fatalidad acechando justo debajo de la superficie.

En ese viaje, paramos en Wildwood para despedirnos de las chicas y de los terrenos de Mermaid Stomping. Fuimos a la playa. Allí la arena es gris. No estoy segura de por qué nunca noté el color antes. El agua estaba fría, pero eso no detuvo a T.J. de bucear. Mientras estaba junto a mi papá, mirando hacia el océano, exhalé y dije: "No puedo creer que lo logré, sin ningún problema. Fue tan suave. Estoy asombrada de mi Jesús ". Estaba un poco confundida porque sabía que mentir era un pecado. "No darás falso testimonio". Ese fue un pecado de los Diez Mandamientos. En mi mente, uno de los más importantes, pero la verdad es que solo Dios sabe lo que acecha dentro del corazón de un hombre. No tenía idea de que el momento exacto en que Dios me mostró que subiera las escaleras para pedir irme era el momento exacto en que estaba buscando comprar un crucero para nosotros; estar solos juntos. Mi mente todavía estaba dando vueltas para tratar de entender a este Dios que realmente no conocía pero en quien confiaba mi vida.

Me pregunté en esa playa, si realmente podría ser Dios pidiéndome que le mintiera a alguien a quien supuestamente amaba y luego mi papá me miró. Dijo: "He estado debatiendo si decirte algo o no" y, por supuesto, lo animé a que siguiera adelante y me lo dijera. Continuó diciendo que había estado orando por mi situación y que no entendía todo cuando llegó por primera vez a Nueva Jersey. Para él, todo parecía ir bien, hasta que una noche se levantó para usar el baño alrededor de las 2 de la mañana. Dijo que nos escuchó hablar en el dormitorio y dijo que no estaba bien. Así que volvió a la cama y volvió a despertarse unas horas más tarde para ir al baño. Escuchó la misma conversación repetida una y otra vez. Dijo que lo escuché llamarte estúpido diez veces en un minuto. Me dijo que lamentaba haber tenido que pasar por eso.

Me dijo lo difícil que era quedarme en silencio y dejar que Dios resolviera esto dentro de mí, pero sabía que tenía que ser mi elección o no iba a funcionar. Fue un trabajador silencioso, dedicado en oración, esperando pacientemente que Dios transforme mi corazón. Al final, le preguntó a Dios si había alguna esperanza y antes de que pudiera terminar de decir la palabra, Dios puso en su corazón para sacarme de allí. Dijo, Dios le había dado una visión. Estaba leyendo un periódico sobre mi asesinato y que me habían matado por estrangulamiento. Tan pronto como lo escuché decir eso, caí de rodillas y lloré. Nunca le había contado a nadie lo que me hizo a puerta cerrada, pero sabía que así es exactamente como me habría matado. Nunca dije una palabra, solo supe que lo que estaba diciendo era verdad y lloré.

Paramos en el puente de la bahía de Chesapeake y fuimos a pescar. T.J. Fue el único que atrapó algo, pero todos nos divertimos intentándolo. Fue agradable estar fuera de la presión de complacer a alguien más, mientras hacía malabarismos con mi deseo de asegurarme de que mi hijo se lo pasara bien conmigo. No nos veíamos más que una vez al mes, en vacaciones y veranos. Entonces, era importante para mí amarlo de la única manera que sabía y era asegurarme de que él tuviera todo lo que quisiera y que nos divirtiéramos. Me encantó verlo sonreír, iluminó toda la habitación; especialmente mi corazón. Él era mi lugar feliz y aquí estábamos juntos.

De camino a Carolina del Norte, mi papá y yo decidimos que lo más seguro para mí era viajar a través del país para dar tiempo entre que yo me fuera y él aceptara que no regresaría. Debía haber distancia entre nosotros, de lo contrario, él podría aparecer y manipularme para que regresara y no sería porque yo quisiera; sería porque sentía que tenía que hacerlo.

Quiero decir, sabía que no estaba sola, pero aún era vulnerable a su influencia. Todavía no había roto el patrón de abuso al que me había acostumbrado con él. No se necesitaría mucho para convencerme de que regresara; aunque no había nada en mí que quisiera estar con él. No fue amor. Fue un tipo de adicción. Había estado desesperada por que me amase durante tanto tiempo que cualquier evidencia de que pudiera amarme tenía el potencial de encarcelarme una vez más. Tenía que hacer lo que sabía que Dios me estaba pidiendo que hiciera y sabía que llegaría un momento en el que nunca volvería a hablar con él, pero aún no había llegado el momento.

Dios ya había despejado un camino para que yo lo siguiera y no había nada que quisiera más que seguir a donde Él me estaba llevando. Dios había restaurado mi relación con mi familia y con mi padre, quien me hizo sentir segura. Él había preparado mi corazón para alejarme de todo lo que había conocido durante los últimos seis años. Me pidió que confiara en Él y que dejara ir todo en lo que había encontrado seguridad superficial y que me llevara solo una bolsa. Sin embargo, me equipó con la fe que necesitaría para ver esto. Transformó mi corazón al decirme que Su amor era más que suficiente. Me perdonó, incluso por mis repetidos pecados. No había duda de que sabía que algo había cambiado dentro de mí. Tenía esperanzas de un futuro. Confié en que Él tenía un plan aunque yo no.

A medida que pasaban los días, siempre había una pregunta en mi mente; ¿Ya es hora, Señor? Me sentía cada vez más incómoda con cada llamada, pero confiaba en Dios que sabría cuándo y qué decir cuando llegara el momento. La verdad era que quería decirle desesperadamente. Quería no tener que volver a hablar con él nunca más. No tener que contestar nunca otra llamada telefónica o una pregunta atrayente de él. Estaba lista, pero aún no era el momento.

Hasta que lo fue. El teléfono sonó. Respondí y me preguntó qué estaba haciendo. Mi corazón se aceleró un poco y luego dijo: "¿Por qué no me dijiste que cambiaste la dirección de tu cheque de desempleo a Wildwood, Nueva Jersey?" En ese momento, supe que esto era todo.

Le dije que no quería que supiera que no volvería. No volvería nunca y si había algo que él quisiera decir, que lo dijera ahora, porque esta sería la última vez que tendríamos algún contacto. Dijo muchas cosas. Me exigió que me quedara allí y que él volaría allí para recogerme de inmediato. Dijo que me daría el mundo. Incluso si lo que quería era una cabra con una cuerda, me la daría. Me quedé bastante. Quería que dijera paz porque no me quedaba nada que decir. Esperé pacientemente a que terminara. Cuando lo hizo; Me despedí y colgué el teléfono. Sabía que nunca más tendría que responderle. Dije mi último adiós y de alguna manera, supe que esta vez era diferente. Había una finalidad en lo que acababa de suceder.

Tenía a mi papá escuchando la conversación; tenerlo conmigo, aunque no dijo nada, me dio fuerzas para decir lo que tenía que decir. Mi padre estaba un poco desconcertado por la insensibilidad de sus palabras y la actitud narcisista hacia mí, pero sabía que lo que escuchó probablemente significaba que teníamos que irnos de inmediato.

Habíamos hablado del viaje que haríamos juntos por el país. Fue un buen plan recorrer algunos kilómetros entre lo que me pasó en Nueva Jersey y mi futuro. Lo hizo sonar emocionante; como una aventura única en la vida. Estaba lista. Me había sentido enjaulado dentro de una celda sin barrotes durante años; enjaulada por la escasez de autoestima y valor, pero todo era diferente ahora. No podía esperar a que nos pusiéramos en camino, pero quería que T.J., mi hijo, viniera con nosotros. No estaba segura de que su padre lo hubiera dejado. Quiero decir que teníamos historia. Siempre fuimos buenos el uno con el otro y nos respetábamos como padres y amigos, pero aceptar a T.J. a través del país era otra historia. Sin mencionar, creo que tal vez T.J. estaba listo para ir a casa.

Hubo tantas emociones mientras empacamos el Jeep y nos preparamos para partir. Me despedí de mi hombrecito, TJ; Sabía que lo extrañaría. Recuerdo que mi hermano me dijo que estuviera a salvo y que él se encargaría de cualquier cosa que apareciera en su puerta. Respiré hondo y les hice saber que me desharía de mi teléfono pero que llamaría tan pronto como pudiera conseguir otro.

Cada parte de mí estaba ansiosa. Cada miembro de mi cuerpo no podía irse lo suficientemente rápido; El miedo a que mi abusador apareciera se apoderó de mi cordura. Fue difícil para mí mantenerlo todo junto, pero mi papá me mantuvo en calma. Podía hacer reír a cualquier situación. Era su superpoder; algo que le resultó natural. Tenía la habilidad de hacer la vida feliz y sin lujos. Todas las cosas difíciles parecían más fáciles cuando él estaba cerca. Para mi papá, la vida era un gran programa de comedia y se aseguró de señalar el humor en él. Sin duda, él es y siempre ha sido enviado por Dios. Enviado para ayudarme a caminar a través de las cosas difíciles y hacer reír a lo que podría haber sido un alma amargada.

Terminamos nuestras despedidas, pero nada parecía real hasta que arrancamos el motor. Sentí la vibración entre mis dedos mientras sostenía la rueda que se movía y salía del camino de entrada de mi hermano. Cuando puse el jeep en marcha, supe que Dios estaba conmigo, que Él estaba justo en medio de este lío y que Él era el que estaba resolviendo todo por mi bien. Puedo verbalizar eso ahora, pero luego apareció en la emoción del momento. Mi papá en el jeep conmigo significaba que no estaba solo y que Dios había preparado su corazón y el mío para el viaje que teníamos por delante. No tenía idea de adónde íbamos, pero sabía que todo iba a estar bien.

Iba a estar bien porque mi Dios, el Dios del Universo había proporcionado una vía de escape. ¿Sabes lo que significa la palabra escapar? Significa liberarse del confinamiento o el control. Yo era libre! ¡Finalmente estaba libre! Ya no podía ser controlada por las demandas de otro. Los muros de mi prisión se habían derrumbado, ¡estaba libre! Ya no confinado por las mentiras que me habían dicho, ¡finalmente fui libre!

Perfectamente, imperfecta, ¡Libre para ser yo!

Capítulo Cinco:
La Cima de la Montaña

El Viaje de Algo Brillante

Empezamos nuestro viaje a través del país, dejando todo atrás; una bolsa a cuestas y nada más que una pizarra en blanco en el horizonte. El lienzo de mi alma estaba limpio y lleno de expectación. Estaba lista. Lista para que el arte de un Dios magnífico llenara cada espacio vacío con colores vibrantes que definieran lo que estaba sucediendo en mi interior. Estaba ansiosa por brillar intensamente para que el mundo supiera cuán grande es realmente mi Jesús, pero sobre todo estaba callado.

Mis ojos se habían abierto pero mi boca permanecía cerrada. No había palabras para describir lo que me estaba pasando. Mi mente fue silenciada por la magnitud de Su amor. Estaba asombrado de un Dios magnífico que me salvó y que estaba reconciliando el dolor que había traído tanto caos a mi vida. Me había sentido vacío durante años; la tierra de mi corazón estaba reseca. El suelo agrietado y duro, pero los rápidos rugientes de la verdad de Dios habían traído ríos a los lugares secos de mi alma.

Estaba agradecido de que mi padre estuviera conmigo en este viaje. Nos estábamos acercando a las Great Smoky Mountains de Carolina del Norte, en dirección a Blue Ridge Parkway, cuando nos detuvimos para cambiar de lugar en una gasolinera. Estaba agradecido de que mi padre quisiera conducir. Creo que él sabía que solo necesitaba relajarme y absorber todo lo que estaba sucediendo.

Bajamos las ventanillas, pusimos el aire acondicionado en alto y dejamos que la música llenara el aire mientras atravesábamos la cordillera más antigua de la tierra. La belleza del dosel verde exuberante cubría todos los ángulos a la vista. La niebla azul que parecía nubes que se asentaban entre los picos y valles de la cresta me hizo recordar que siempre quise saborear una nube. Que tonto. Qué simple. Entonces, saqué la cabeza por la ventana, abrí la boca y saqué la lengua. Condujimos directamente a través de esa bola de algodón como niebla, con la boca bien abierta y la pequeña niña dentro de mí sonrió. Una cierta satisfacción se apoderó de mí mientras pensaba para mí mismo, misión cumplida, ¡lo hice! Finalmente probé una nube. No era nada, solo aire en mi lengua, pero para mí, significaba el mundo.

Conduciendo por esas montañas recordé cómo siempre amé

el viento. La forma en que llenó mi cabello y lo arrojó me hizo sentir libre; como si volara como un pájaro. Cerré los ojos y regresé a una época en la que era pequeña; viajando en el asiento trasero del auto de mi mamá por las colinas de Carolina del Norte. Algunos de mis recuerdos favoritos fueron dejar la ciudad y dirigirme a esos viejos caminos sinuosos. En ese entonces era normal conducir un vehículo sin aire acondicionado. Puedo recordar el calor ardiente que se elevaba dentro de nuestro automóvil, pero tan pronto como llegamos a las colinas, la frescura del aire llenaría el automóvil y brindaría un gran alivio; a un grupo de niños quejumbrosos, que estaban demasiado calientes para llevarse bien entre ellos. El recuerdo de sacar la mano por la ventana y dejar que el viento la empujara hacia arriba y hacia abajo; Mientras tanto, disfruté del frescor entre mis dedos bajo la sombra de esos viejos caminos sinuosos que todavía estaba conmigo, incluso ahora. No había olvidado todo lo bueno.

Todavía puedo ver la radiante sonrisa de mi mamá, mientras me miraba desde el asiento delantero; joven, bella y llena de vida. En ese momento, decidí sacar la mano por la ventana y me permití el privilegio de volver a disfrutar ese recuerdo. El momento fue asombroso. Allí mismo, en la cima de Laurel Creek Loop, cuando dejamos la ruta escénica de las Grandes Montañas Humeantes. El indulto llenó mi alma de gratitud cuando exhalé y dejé que la niña con el corazón roto volara en el viento y bailara en el recuerdo que llenaba su corazón de alegría.

Me despedí de la casa que los cherokees llamaban "el lugar del humo azul". Sabía que nunca volvería a experimentar lo que estas montañas me permitieron quitarles. Había una paz que se asentó dentro de mí de forma muy parecida a la forma en que la niebla azul se asentó entre sus picos. Las cascadas que caían en cascada a través de la ventana retrovisora, sentí como si las Grandes Montañas Humeantes hubieran compartido conmigo uno de sus mayores secretos; armonía. Un lugar donde los actos gloriosos de Dios se mueven al unísono en una exhibición sincronizada de su belleza.

Había algo asombroso en conducir por el desierto que había sido domesticado por la mano del hombre; no, en su máxima expresión, pero lo suficiente para exponer la gran grandeza de

Dios. Nunca olvidaré los miradores que muestran valles de colinas entrecruzadas que tomaron la apariencia de corazones lamidos uno encima del otro. Mientras miraba esos corazones, creados por crestas y sombras, comprendí que lo que el hombre puede darme es temporal, los diamantes no siempre son para siempre, pero el amor de Dios es eterno y lo que Él tenía reservado para mí era más grande de lo que jamás podría esperar. Atreverse a imaginar.

El cruce entre las Great Smoky Mountains y Appalachian Trail en Blue Ridge Parkway en Tennessee fue impresionante. Pasé la mayor parte del tiempo absorbiendo la belleza que me rodeaba, hasta que oscureció. Entonces mi papá y yo hablábamos hasta que me dormía. Hablamos sobre lo que pasé en Nueva Jersey. Hablamos de toda mi vida. Por fin había alguien a quien podía contar todos los desagradables detalles que mantenía en secreto. Fue difícil confesar algunas de las cosas que le dije solo porque ni siquiera me había permitido creer que fueran reales. Al hablar de ello, liberó el poder que tenía sobre mí. La luz se había encendido en medio de la oscuridad y le conté todo. Por primera vez no tuve vergüenza. Sabía que no había nada que tuviera que ocultar porque estaba con alguien que me había demostrado que nunca me haría daño. Era mi papá y mi único lugar seguro en el mundo entero. Condujo toda la noche mientras yo dormía.

Temprano en la mañana, cuando todavía estaba oscuro afuera, mi papá nos puso en un lugar donde no estaríamos girando durante unas horas; para que pudiera descansar un poco. Pasamos por Missouri y entramos en Kansas. Kansas parecía durar una eternidad. Para cuando mi padre se despertó, ambos necesitábamos un café y él estaba listo para conducir. No había nada hasta donde alcanzaba la vista. Pensé para mis adentros en qué parte del mundo encontraremos café ". Quiero decir que me había acostumbrado a mi cerveza de Nueva Jersey. Fue lo fuerte, pero estaría feliz con cualquier cosa en este momento. Ni siquiera terminé el pensamiento cuando, de repente, pude ver un pequeño edificio de hojalata amarilla brillante al costado de la carretera con letras pintadas extendidas desde el suelo hasta el techo que decían CAFÉ. Miré a mi padre con una expresión de "realmente" en mi rostro, mientras que el júbilo absoluto llenaba mi corazón.

No lo podía creer. Todo lo que sucedió se sintió como si

fuera un mapa de Dios. Como si siempre estuviera un paso por delante de nosotros. Nos detuvimos y mi papá se tomó el tiempo para asearse. Se lavó los dientes con agua embotellada junto al jeep; mientras, entré. Había un libro sobre la encimera con firmas. Le pregunté para qué era. La señora del mostrador me dijo que quien pase por aquí firma este libro. Estaba lleno de firmas. Hojeé las páginas y leí todos los nombres. Siempre me fascinaron cosas como esta. Me hicieron sentir una conexión con el mundo que me rodea. Agradecí haber compartido el mismo terreno que estaba bajo mis pies con ellos. Así que lo firmé; era algo que podía compartir con ellos sin ningún compromiso. Me pareció asombroso que todos nuestros caminos se hubieran cruzado en este mismo punto entre los campos del estado de Kansas. Tenía algo en común con todas las personas de ese libro, y era que compartimos una pequeña medida de restauración en forma de una taza caliente de Joe.

Cuando salí con nuestro café, noté un trozo de papel movido por el viento. Sopló contra mi zapato y se atascó allí. Me incliné para recogerlo y cuando lo leí, me di cuenta de que era una carta corta para alguien sordo. Era una de esas cartas que pedían ayuda pero no había nadie alrededor. Me recordó los días en que una vez tuve el sueño de ser intérprete para sordos. Trabajé en la Escuela de Carolina del Norte para la muerte durante varios años, pero logré destruir las esperanzas de esos sueños con mi divorcio del padre de TJ. Los padres de mi ex trabajaban allí y yo hice las maletas y dejé a su hijo mientras los militares lo enviaban al extranjero. Recordé haberle dicho que quería ir con él, pero él dijo que era mejor que no lo hiciera. Mirando hacia atrás, creo que estaba tratando de decirle que no me dejara. Aunque nadie lo sabía, ni siquiera yo, no era lo suficientemente fuerte para manejar la separación emocional. Sin querer, vi su ausencia como un abandono. Todavía era joven y todavía tenía que lidiar con algo de mi infancia. Básicamente, lo vi como "fuera de la vista, fuera de la mente".

Me quedé allí mirando ese papel y me di cuenta de que necesitaba pedirle que me perdonara por todo lo que había hecho. Había tomado decisiones que destruyeron mi hogar, mi familia y todo lo que dije que me importaba en ese momento de mi vida.

Mientras sostenía el papel en mi mano, me di cuenta astutamente de que todo y todos eran importantes para Dios. Sabía que Él veía a cada persona, cada lágrima, cada corazón roto, y quería sanar los lugares rotos que fueron causados por mi mano y sería Él quien me usaría para hacerlo. Aunque no tenía idea de cómo, solo creía, esperaba que Dios me mostrara. Así que lo guardé. Guardé la nota. Lo puse en la guantera cuando entramos en el jeep y volvimos a la carretera.

El camino era vasto y vacío hasta donde alcanzaba la vista. Entonces, hablé a mi papá para que recorriera uno de los muchos caminos de tierra para explorar un poco. Hacía calor afuera, pero no como el calor al que estaba acostumbrada. Estaba acostumbrada a salir y sentirme como si acabara de entrar en una sauna, pero no aquí. Estaba seco como un hueso, reseco como un paisaje deshidratado, quemado a cenizas, esperando las aguas del perdón oficial. Miré hacia arriba para ver que mi jeep marcaba 104 grados afuera. Cuando nos detuvimos y nos detuvimos, no podía esperar a abrir la puerta. Cuando pisé el camino de tierra, una nube de polvo se agitó alrededor de mi zapato como lo hace el polvo del pañal de un bebé. El viento lo levantó en el aire y me atravesó la cara. No sé por qué, pero me encantó. Se sentía como el desierto pero con un corazón expectante. Era como si la tierra supiera que solo sería estéril por un tiempo. Nunca antes había sentido un calor así. Hice que mi papá me tomara una foto en medio de ese camino de tierra. Me recordó que aunque mi corazón una vez estuvo seco y duro, no sería así para siempre. Iba a ver a Dios hacer cosas asombrosas, cosas imposibles. Regresé al jeep y cuando regresábamos a la carretera principal, noté las colinas. Eran pequeñas colinas que eran vastas y tocaban el horizonte. Las colinas parecían rebotar unas sobre otras, de un lado a otro a través del paisaje; como los dibujaba cuando era pequeño. Hasta ese momento, ni siquiera me di cuenta de que lo hicieron en la vida real.

Me hizo pensar que Dios debe ser más grande que la imaginación de una niña de cinco años coloreando páginas en blanco. Estaba compartiendo conmigo la belleza que estaría viendo ahora mismo. Aunque nunca lo había visto antes, me estaba demostrando que no vivía dentro de las limitaciones del tiempo. Para Dios, mi pasado y mi presente eran uno; todas las cosas que sucedieron entre ahora en este momento y entonces, se mezclaron en una hermosa exhibición de gracia. No tuve que decirle las cosas que vi o el dolor que sentí. Me estaba compartiendo que estaba allí. Vio cada lágrima que lloré mientras pintaba esas colinas en tonos de verde vibrante. El recuerdo del dolor que sufrí cobró vida y se pintó en las llanuras de Kansas. Mi mente se volvió una con la realidad de lo que era y la verdad de un Dios que siempre me amó, que siempre me vio, que nunca me olvidó y me guardó todo este tiempo. Cambió algo dentro de mí el saber que nunca estaba sola.

El camino que teníamos por delante parecía largo y era interminable. A veces mi papá y yo estábamos callados y otras veces hablábamos de mi mamá y cómo era antes de convertirse en adicta. Mi papá incluso me contó sobre la primera vez que me conoció. Yo tenía casi dos años y él tenía coca en la mano. Al parecer, quería algunos. Así que me lo dio, mi pequeño brazo apenas podía llegar al fondo de la botella cuando lo agarré, me lo llevé a la boca y eché la cabeza hacia atrás, lo más lejos que pude, para beberlo. Mi papá también me contó sobre la primera vez que aprendió que yo podía hablar. Dijo que yo era una cosita diminuta.

Estaba enferma y me estaba llevando al Hospital Womack en la base del ejército de Fort Bragg. Dijo que me senté en el medio de la consola de su coche y hablé todo el camino hasta casa y todo el camino. Disfruté escuchando todas las historias que mi papá compartió conmigo. Fue agradable que me recordaran las cosas buenas.

También fue terapéutico hablar tan abiertamente de todo con alguien que sabía que me amaba incondicionalmente, pero no creo que fuera solo para mí. Creo que nuestras conversaciones también le dieron un cierre y comprensión a mi padre. Solo puedo imaginar las decisiones que tuvo que tomar, mantenerse alejado, con la esperanza de que nos causaría menos dolor y sufrimiento. Estoy segura de que no fue fácil. Sé que no fue para mí. Solo tenía seis años cuando nos separamos por primera vez, luego volví con mi papá a los once cuando mi mamá fue a la cárcel y yo no tenía adónde ir. Cuando me recogió, se sintió extraño al principio. No porque no lo conociera, sino porque, en ese momento, se había ido casi la mitad de mi vida. No estaba segura de cómo responder o qué decir, así que me quedé callada. No pasó mucho tiempo para que él me hiciera reír y la risa me hizo sentir como si estuviera en casa de nuevo. Me explicó que me reuniría con su familia con su nueva esposa y mi hermano y hermana menores a quienes no había visto desde que me fui. Al principio no funcionó. Tenía tanta ira reprimida y no tenían idea de lo que había pasado.

Pasé la mayor parte de mi adolescencia yendo y viniendo entre los momentos en que mi madre estaba fuera de la cárcel y viviendo con mi padre. Hasta que, por supuesto, me casé a los dieciséis. Mi papá me firmó en el juzgado y mi mamá renunció a una camiseta blanca de su celda de la cárcel en la ventana diez pies por encima de nosotros. Supongo que quería que supiera que estaba conmigo. Había perdido el contacto con todo el mundo después de mi divorcio a los veintiún años. Dejé Carolina del Norte para estar con el hombre al que ahora me refiero como "mi abusador".

Estuve con él durante seis largos años. Fue la muerte de mi madre lo que cambió todo eso. En cierto sentido, ella es quien nos reunió. Terminó lo que empezó. Fue por ella, todos estábamos separados y fue por ella, estábamos todos juntos de nuevo.

Y aquí estaba yo, treinta años y de regreso con mi papá; en un viaje por carretera por el país. La apertura de los caminos desbloqueó la dureza de mi corazón. No tenía ni idea, todos estos años, había estado en construcción. El dolor y el dolor se parecían mucho al asfalto sobre el que conducíamos, creado por quienes lo construyeron, pero debajo de nuestros neumáticos había más que asfalto. Había tierra, lista para el arado; preparando nuestros corazones como lo hacen los granjeros cuando termina el invierno y llega la primavera. Conducir estaba dejando atrás el invierno de mi vida y la primavera estaba en camino. Me pregunté cómo sería romper la dureza dentro de mí; las partes de mí que nadie ve.

Mi mano en el arado se parecía mucho a la libertad que estaba encontrando al compartir tan abiertamente con mi padre. Hay algo extraordinario en tener la libertad de hablar; permitió que se liberaran las compuertas de la emoción almacenada y creo que eso sucedió en ambos lados. No dijo nada, pero me di cuenta. Como dije, mi papá tenía la habilidad de hacer que las cosas pesadas parecieran livianas. Supongo que Dios sabía que necesitaba un payaso de clase para las partes difíciles de mi viaje.

No había duda de que él me ayudó a concentrarme en las cosas buenas, mientras que Dios estaba ocupado preparando el terreno de mi alma.

Fue una distracción muy parecida a las capas de montañas que se alzaban en el horizonte; eran generosos y no se podía perder su belleza. La impresionante exhibición de grandeza montañosa cautiva mis ojos. Supongo que podría haberlo perdido si simplemente pasáramos, pero sabía que había un esplendor exquisito, asombro y gloria, escondidos entre esos magníficos picos cubiertos de blanco. Era solo cuestión de tiempo antes de que pudiera experimentarlos por mí mismo. ¿Qué secretos podrían guardar? ¿Había algo más en lo que estaba viendo? algo más grande que lo que se podía ver?

A medida que nos acercábamos, comencé a pensar en los valles de mi vida. Cómo pude encontrar montañas entre ellos; ¿estaban allí, me había quedado atascado en algún lugar del camino? ¿Dónde estaban los picos? ¿Qué tesoros guardaban realmente esos valles? Me pregunté por qué estas viejas montañas crean tales preguntas en mi mente. ¿Y qué estaban revolviendo dentro de mí?

Paramos en un hotel en Denver, Colorado, justo debajo de esos picos que habían formado tantas preguntas en mi corazón. Creo que ambos necesitábamos una ducha caliente y algo donde pudiéramos disfrutar de comida real. Llevábamos días viajando; comiendo barras de granola, deteniéndose para tomar tazas de café caliente y ocasionalmente disfrutando de paradas en boxes para lavar y llevar. Fue emocionante y agotador.

Nos registramos en nuestro hotel, nos duchamos y cruzamos la calle para cenar. Había charcos de agua en el suelo, lo que significaba que debía haber llovido mientras estábamos dentro de nuestra habitación de hotel. Me encantaban los charcos. Me recordó a todas las veces que jugaba bajo la lluvia. Era una de las únicas cosas que amaba hacer cuando era niña. Las calles de Carolina del Norte se convertirían en pequeños ríos. No había nadie que me detuviera, nadie vigilándome, así que me paraba en la puerta, esperando un relámpago y corría hacia la calle tan pronto como el trueno se detenía. No importaba lo que estuviera usando o lo que estuviera haciendo. Tenía una preocupación y era mojarme, patearme a través de las aguas embravecidas, mantener la cabeza hacia atrás, abrir la boca y dejar que las gotas de lluvia cayeran sobre mi lengua. Esos son los momentos en los que me sentí renovada, hecha de nuevo, como si Dios me estuviera bañando.

Puedo recordar que el sol siempre parecía salir de detrás de las nubes justo antes de que dejara de llover. Mi hermana siempre decía lo mismo. Ella me decía que si llovía cuando salía el sol, significaba que Dios estaba llorando lágrimas de felicidad. Sus palabras me hicieron preguntarme cómo se sentían las lágrimas de felicidad. Desde entonces, nunca me olvidé de las lágrimas felices de Dios. El pensamiento de ellos siempre estaba conmigo esperando los días en que el sol brillaría y las nubes liberarían sus gritos.

Los charcos bajo mis pies fueron un recordatorio de que debí haber perdido la oportunidad de ver a Dios en acción. Sin embargo, eso no me impidió tener un deseo abrumador de pisar los charcos, sino que escuché el razonamiento en mi cabeza; Me acababa de duchar, tenía ropa limpia y buenos zapatos; sin mencionar que íbamos a cenar. El sentimiento pasó rápidamente con la aparición de un séquito de "no debería". Había perdido la oportunidad de "vivir" pero no me había dado cuenta de eso todavía, así que, en su lugar, pisé los charcos.

Parecía que no importaba a dónde fuéramos o qué estábamos haciendo; cada paso me llevó a otro lugar en el tiempo. Como este restaurante. Me recordó a "La Ponderosa", que fue el primer restaurante de carnes y buffet en el que había estado. Solía ir allí cuando vivía en Plattsburgh, Nueva York, todavía casada con el padre de TJ. Aunque nunca había visto estos lugares antes en mi vida; este viaje por el país se había convertido más en un viaje al pasado.

Mi papá y yo comimos hasta que no pudimos comer más. Tomamos nuestro café después y nos dirigimos hacia el hotel. Ya estaba oscuro y sabíamos que queríamos empezar temprano por la mañana. No pasó mucho tiempo después de que nuestras cabezas golpearan las almohadas para conciliar el sueño. La mañana llegó rápido. Mi papá ya había salido a traernos café. Mientras estaba acostada en la cama, noté que había paz y tranquilidad en el sol saliendo por la ventana. Cuando me senté, me di cuenta de que la paz y la tranquilidad eran más profundas que el amanecer; Sentí como si hubiera una luz amaneciendo en mi interior. No tenía idea de lo que Dios tenía reservado para el día que nos esperaba, pero estaba impaciente por levantarme y empezar a hacer las maletas; el aire estaba cargado de anticipación.

Las montañas estaban ante nosotros y nuestro pasado detrás de nosotros. No solo mi pasado, sino también el pasado de papá. Después de todo, solo había estado sobrio durante unos dos años y no pude evitar sentir que este viaje no era solo para mí. Quiero decir, sabía que mi papá estaba aquí para ayudarme. Vino porque lo necesitaba, pero también sabía que estaba teniendo su propio encuentro con Dios. Sus propias conversaciones privadas mientras presenciaba la obra de Dios no solo en mi vida, sino también en la suya.

Cargamos el jeep y nos dirigimos a las Montañas Rocosas. Mi papá rompió en una canción, cantando, "Rocky Mountain High". Gritó su propia versión que consta de la letra que recordaba: "Dejó ayer detrás de él, se podría decir que nació de nuevo, lo he visto llover fuego del cielo, donde puedes hablar con

Dios y escuchar Su respuesta , Rocky Mountain High ". En realidad, nunca había escuchado esa canción antes, pero realmente me sentí apropiada cuando el Jeep comenzó a ascender hacia la ladera de la montaña, bajo el dosel de los árboles.

La primera parada fue en la base de la montaña. Estaba tan feliz de que mi papá se detuviera. Salí del Jeep. Era como si el río estuviera llamando mi nombre con los sutiles susurros del agua rodando sobre las rocas. No tenía idea de que me llevaría de regreso a "The Place". El lugar al que iba cuando era pequeña, cuando me lastimaban, tenía un lugar seguro; me mantuvo ahí en mi mente. Recordé que mis pies realmente podían sentir la frialdad del agua entre mis dedos y las rocas eran todos colores vibrantes bailando a través de la paleta de mis ojos. Creo que Jesús me llevaría allí para que pudiera habitar mis sentidos con el bien. Me protegió de la realidad de lo que le estaba sucediendo a mi cuerpo, pero eso no detuvo el hecho de que mis sentidos físicos se habían distorsionado. Mi inocencia tomada por un ladrón que se esconde en las sombras de la oscuridad; la intimidad se había distorsionado para siempre. Mi gusto perturbado por libertades indecentes. Me habían tocado manos muertas. Mis ojos violados por cosas que ningún niño debería ver. Mi oído se hizo eco de los recuerdos de palabras que sería mejor no decir. Pero en cambio, en lo peor de todo, en medio de la tormenta, recordé, tenía la sensación de hierba suave bajo mis pies; el olor a flores en mi nariz, el toque de mariposas en la punta de mis dedos y el sabor del agua fresca estimulando mis sentidos.

Con la mente preocupada por el recuerdo de un pasado olvidado hacía mucho tiempo, me incliné sobre el arroyo para tocar la frescura del agua. Lo miré por un momento, me volví hacia mi papá y le pregunté si era agua fresca de la montaña. Dijo que sí, es por el derretimiento de la nieve. No pensé en nada más. Lo bebí de la palma de mi mano y cuando lo hice, fue como beber del agua que fluía a través de los recuerdos de todos los momentos en que Jesús me salvó cuando era niña. La frialdad de mi corazón se estaba derritiendo, como la nieve de las cimas de las montañas, mi odio se desvaneció mientras bebía del río ese día.

Me paré y miré hacia la montaña, hasta donde el lecho del río me lo permitía. Había algo más grande en el horizonte, algo más que se suponía que estaba viendo. ¿Qué es, me pregunté, una peregrinación de autodescubrimiento? Estaba siendo inspirado divinamente para ir más lejos, sumergirme más profundo y ver lo que nunca había visto antes. Me volví hacia mi papá y le dije: "Estoy lista". No tengo idea de lo que estaba haciendo, pero ambos saltamos al Jeep y nos dirigimos hacia la ladera de la montaña.

Había tantos hermosos miradores escénicos en el camino. Creo que nos detuvimos en la mayoría de ellos. Cada vez me sentía un poco más cerca de Dios, un paso delante del otro, como si volara como un águila, permitiendo que los vientos me llevaran a lugares que aún no había visto. No solo en lo físico, sino que sentí como si mi alma se estuviera acumulando, ensamblando una verdad irrefutable que estaba a punto de cambiar mi vida. Las montañas tenían el poder de calmar mi alma con constante serenidad. Parecía que cuanto más altos subíamos, más tranquilas se volvían las conversaciones en mi cabeza y me di cuenta de que las pausas de adoración se hacían más largas a medida que viajábamos de un punto a otro, de la providencia a la providencia.

Nuestro destino final para el día fue con la Tundra en la

cima de las Montañas Rocosas. Fue increíble. No podía esperar para quitarme los zapatos y caminar descalza por él. Parecía una alfombra. Algo que me encantaba hacer era frotar mis pies sobre la hierba que parecía una alfombra. Recuerdo pasar horas sin zapatos tratando de encontrar el parche perfecto de césped. No había nada parecido y mis ojos ahora miraban un paisaje lleno de perfectos parches de hierba.

No podía esperar para saltar del jeep y atravesar el lecho de alfombra de Tundra hacia las rocas que dominaban los picos más altos de nuestra ruta. Me quité los zapatos y salí del sendero y me metí en el césped más cómodo que jamás había sentido. Fue tan diferente. Era tan grueso que mis pies flotaban en la parte superior en lugar de hundirse profundamente. Sentí como si caminara sobre nubes y pudiera tocar el cielo. Me abrí camino a través de la Tundra y hacia las rocas que quería trepar desesperadamente.

Me encantaban estas rocas, eran versiones decolorantes de gris cubiertas por musgos verdes manchados; se sentían ásperos al tacto y suaves en algunos lugares, como si el viento los hubiera desgastado durante siglos. Una vez que llegué a la cima de las rocas, encontré el lugar perfecto para sentarme y acomodarme por un tiempo. Estaba tan consumido por la hermosa hierba alfombrada que no me había dado cuenta de lo que mis ojos estaban a punto de ver. Cuando levanté los ojos, me convertí en testigo de la eterna maravilla de los valles y picos, subiendo y bajando, como una orquesta tocando para una audiencia de uno solo, y por primera vez en mi vida vi cuán grande es Dios realmente y que muy pequeña soy.

Pensé que debía parecerle el tamaño de una hormiga a Dios y no podía creer que todavía le importara. Todavía pensaba en mí a pesar de que, en comparación, yo era del tamaño de una hormiga. No pude evitar preguntarme cuántos miles de hormigas debo haber pisado en mi vida; aplastado bajo mis pies y ni siquiera pensé en ello. De hecho, me dejó sin aliento entender a Él, el Dios del Universo y el creador de todo lo que era hermoso y pensaba en mí. No era nada, para nadie, de la nada, sin embargo, Él todavía pensaba en mí. Yo importaba. Tenía un propósito. Yo era importante y no por mí, sino porque Dios pensó en mí. Podía verme. Eligió hablar conmigo aunque nunca pensé que me lo merecía. Había pasado la mayor parte de mi vida creyendo que nunca podría rezarle a Dios. Yo era una persona terrible; un Dios hermoso y maravilloso no querría escuchar a alguien como yo. Sin embargo, aquí yo no era más que el tamaño de una hormiga para Él y aquí Él estaba justo en el medio de mí.

No fue sino hasta que me sentí lleno de "asombro", rebosante de la magnitud de Su bondad, permaneciendo en la presencia de Su majestuosa maravilla, que Dios me hizo consciente de que el sufrimiento que había experimentado durante toda mi vida tenía un nombre. El nombre era depresión. En el momento, todos los "por qué" desaparecieron. Ya no importaba por qué tenía depresión o por qué había sufrido toda mi vida, pero lo que importaba es lo que Dios estaba hablando en mi alma. Levantó el velo y comprendí que mi depresión tenía un disfraz. Me veía como una oveja con piel de lobo. Me habían entrenado para proteger a las ovejas que se escondían debajo; debajo de la cubierta de la autoconservación. Había aprendido que nadie me protegería, así que tuve que protegerme. Hice eso por cualquier medio necesario.

A veces esto se manifestaba en autolesiones o intentos de suicidio, porque era lo único sobre lo que pensaba que tenía control.

Pero no en este día, en este día las ovejas habían sido esquiladas por Dios. Se había quitado el abrigo de la ira, la frustración, la contienda, la amargura y el autodesprecio, mientras que los ecos del "pobrecito de mí" se desvanecían. Comprendí que mi depresión había estado revestida de un egoísmo absoluto porque tenía un ministerio de uno; solo se preocupaba por sí mismo. Nunca me permitió pensar en nadie a mi alrededor. Dejé que mi pasado dictara cada decisión que tomé y estaba ciega. Estaba ciega a mi egoísmo porque había sido mal interpretada por el altruismo durante años. Todos los sacrificios que hice nunca fueron por nadie más. Cada uno de los sacrificios se hizo para que alguien, en algún lugar, me quisiera. Todo fue impulsado por mí. Sabía que me habían mentido. Me había engañado. Me habían dicho que nadie me amaba. Yo era desechable. No deseado. Por lo tanto, aprendí cómo hacer que todos me quisieran volviéndome realmente bueno camuflando mis deseos egoístas de ser amada, con bonitos colores de palabras que otras personas querían escuchar o enmascarar con acciones que la gente quería ver. Agarré el grosor del velo que había vivido bajo mi vida entera; mi alma había sido cegada por mentiras contadas por mí misma.

En ese momento fue como si el velo se hubiera rasgado en dos por la verdad. Una verdad sobre un Dios que ve, que sabe y que ama de todos modos. Una verdad que me dijo que nunca cambiaría de opinión acerca de mí. Él siempre estará conmigo, nunca me abandonará. Una verdad que decía que nunca te mentiré, no, nunca, aunque duela te mostraré la verdad, pero también te prepararé para manejarla. Déjame guiar, porque soy un Dios en quien se puede confiar.

Me sentí como si estuviera cara a cara con Dios cuando me mostró que es el mismo Dios que me dio un Salvador llamado Jesús. El Jesús en la canción Jesús me ama es el mismo Jesús que me llamó a seguirlo. Cerré los ojos y sentí como si Sus brazos me envolvieran. Sabía que Su abrazo no era como la vivacidad que sentía en el aire. Hacía calor y era seguro. Allí mismo, en esa roca, me abrió y derramó el valor y el amor propio dentro de mí.

¿Ha recibido alguna vez algo que nunca antes había tenido y que no sabía que necesitaba hasta después de que se lo dieron? Esa fui yo. Ni siquiera sabía que me lo estaba perdiendo. Nunca supe cómo se sentían la autoestima y el amor propio. Ni siquiera sabía que existía. Nunca lo había experimentado antes, pero sabía que este tipo de amor nunca se cansaría. Este tipo de amor estaba lleno de poder y fuerza. Podría haberme desmayado bajo el peso de lo que Dios me estaba mostrando, pero sabía que este tipo de amor vivía dentro de mí. Fue entonces cuando cerré los ojos y sentí como si estuviera volando como un águila. Vi las montañas en lo alto y la permanencia de la creación hasta donde alcanzaba la vista. Su presencia impregnaba cada parte de mi ser. La grandeza de lo que vi no se podía medir ni en altura ni en profundidad y por primera vez en mi vida supe lo que significaba llorar lágrimas de felicidad. Estaba asombrada de Dios, Su trascendencia conmovió mi alma. De repente, me volví muy consciente de mi propia conciencia y de la magnitud de los cielos de Dios. Sentí como si los extendiera abiertos como una cortina y yo descansara allí, como si estuviera sentado a la diestra de Dios, en Cristo, en la cima de la montaña.

El Viaje de Algo Brillante

El Viaje de Algo Brillante

Capítulo Seis:
Él Hace Que Todas Las Cosas Sean Buenas

Fue difícil alejarme de la tundra, pero sabía que llevaría este momento en mi corazón para siempre. Se había convertido en un monumento de permanencia. Siempre sería un lugar de trascendencia donde había encontrado un verdadero despertar; como si mi alma hubiera emergido de un sueño profundo. La única forma en que puedo describirlo es como un "cambio"; algo próspero había ocupado el lugar que le correspondía dentro de mí. De hecho, podía sentirlo. Me alejé de allí con paz dentro de mi alma; algo que nunca antes había sentido. Una paz que reemplazó lo que pensaba que era cierto sobre mi pasado, sobre mi presente y sobre mi futuro. Me cambió. Me habían dado una nueva perspectiva. Sabía que este tipo de transformación me llevará a lo largo de mi vida y, una vez más, me encontré en un lugar donde sabía que nunca volvería a ser la misma.

Me puse de pie con los zapatos colgando de la punta de mis dedos. Mis dedos de los pies presionando hacia adelante en la roca, mis brazos se estiraron a través de la inmensidad del cielo. Volví a bajar mientras equilibraba la gravedad entre el peso de mi cuerpo y el peso de mi Espíritu. Esta roca de trascendencia había iluminado mi alma. Me sentí como si me hubiera vuelto optimista, flotando hacia abajo como un vapor. De repente me di cuenta de que había una señal. Me acerqué al letrero para poder leerlo claramente. Decía, "por favor no camine sobre la tundra, es como un diminuto sistema de eco de un mini bosque y tarda diez años en repararse cuando se camina".

En ese momento, justo allí, en medio de mi despertar espiritual, fui derribado algunos escalones. Mi "montaña rocosa" se puso instantáneamente en perspectiva. Bajé de los cielos para darme cuenta de que hay mucho trabajo por hacer y aparentemente ese trabajo debe comenzar conmigo. Pensé para mí mismo: déjame hacer un bien terrenal antes de destruir este minúsculo sistema de eco que tarda diez años en sanar. Miré a mi papá, como si me acabara de meter en problemas, con los dedos de los pies metidos profundamente en la tundra, salté a la roca más cercana. Salté entre las rocas hasta que mis dos pies aterrizaron en el camino que el parque nacional había proporcionado tan gentilmente a sus turistas.

Pensé para mí misma, ¿cómo pude haber perdido la señal? Quiero decir que fue justo en frente de la roca que acabo de escalar. Para mi asombro, la respuesta llegó bastante rápido y de alguna manera supe que era porque, a mi llegada, mi alma todavía estaba ciega. De la misma manera que estaba físicamente ciega a la señal, también estaba ciega a la verdad. Estaba tan concentrada en mí y en lo que quería que la señal no tuvo ningún impacto en mi vista física. Por lo tanto, no tuvo ningún impacto en mi capacidad para tomar decisiones. No pude verlo porque todavía estaba ciega.

No fue hasta que bajé de la roca que me dieron nuevos ojos. Mi visión se había ampliado y mi vista se había extendido más allá de mi capacidad para ver con claridad, para ver la verdad y reconocerla por lo que era. La pregunta "¿por qué?" había extendido mi mente más allá de mí misma al explicar años de confusión, tristeza y sufrimiento. En un instante, me di cuenta de que la depresión me había entrenado. Su control me había manipulado. Me había robado la energía y el disfrute. Me había quitado la capacidad de ser amable y me había llenado de frustración y lucha. Me había aprisionado con pensamientos suicidas de inutilidad y culpa. Culpabilidad por todas las cosas que quise hacer pero nunca hice y por todas las veces que quise decir que no, pero me quedé en silencio.

La depresión fue mi ceguera. Me hizo ver la vida a través de un espejo que solo yo podía ver. Nadie podía interponerse entre mi reflejo y yo. Sólo importaba "yo". No a propósito, porque nunca se reveló como egoísta . ¿Cómo podría mostrar la veracidad de su naturaleza? La naturaleza para cumplir con un patrón destructivo auto-profetizado nunca podría ser revelada. Sería como un reino que se levanta contra sí mismo y solo trae derrota.

La depresión era mi reino. Me había convertido en el enemigo y estaba dispuesto a derrotarme. Vino a matarme. Me quedé allí y pensé en todas las veces que no tuve éxito en mis intentos de suicidio y le di las gracias. Le agradecí porque podía ver. Pude ver que las circunstancias de la vida me habían llevado a los dulces brazos de una canción de cuna cegada, pero ahora, ahora todo eso ha cambiado.

Ha cambiado porque el velo de la ceguera se ha levantado con un llanto sincero para saber por qué no podía ver el pequeño letrero que decía: "No pise" en la Tundra. ¿Como puede ser?

¿Cómo puede ser que fuera lo primero que noté al bajar de la roca? Como un imán, mis ojos fueron atraídos hacia él. Corrí hacia él y no podía esperar a leerlo. Era como si lo estuviera viendo por primera vez, lleno de euforia y emoción. Quiero decir, ¿quién se emociona tanto con un cartel en un parque nacional? Bueno, lo hice y fue más que una señal para mí. Significaba que finalmente me preocupaba por algo fuera de mí más de lo que me preocupaba por mí. Me preocupaba la "tundra" pero sobre todo me preocupaba este Dios que se preocupaba tanto por mí que Él, el creador del universo, se revelaría a Sí mismo en el más mínimo detalle.

Cuando regresamos al jeep, mi padre comienza una profunda discusión sobre lo asombroso de los ecosistemas y cómo funcionan. Entra en gran detalle sobre por qué se necesitan diez años para repararlo. Lo escuché hablar sobre esta comunidad biológica de organismos que interactúan y cómo sus entornos físicos construyen su propio ecosistema. Me senté a escuchar y me pregunté cuánto tardaría en repararme. ¿Cuánto tiempo le tomaría a Dios reparar el daño causado por años de "organismos interactuantes" que construyeron mi "ambiente físico"? ¿Qué tipo de ecosistema se había construido en mí? No estaba segura de cuáles eran las respuestas, pero sabía una cosa. Sabía que el reino de la depresión había sido destruido por la verdad y Dios me estaba preparando para la "reconstrucción".

Mi papá es como una enciclopedia andante. A veces me pregunto si tiene un cerebro fotogénico, pero es una de las cosas que amo de él. Nunca nos faltan las conversaciones. Él habló, yo escuché, y condujimos más abajo de la montaña y nos dirigimos al siguiente campamento. Sabíamos que no había forma de que pudiéramos salir de esta montaña en la oscuridad. Saqué el reproductor de DVD portátil (porque eso era lo que teníamos en ese entonces) y puse la película Shrek.

Me encantó esa película. Nunca me había reído tanto en mi vida y mientras miraba recordé a la pareja que me lo mostró. Michael y Rachel, amaba a estos dos juntos, eran como guisantes y zanahorias. Solo había una diferencia, a todos les gustaban. Me quedé con ellos en su casa en Carolina del Norte cuando visitaba a TJ. Rachel y yo éramos mejores amigas y nuestros hijos jugaban durante horas mientras tomábamos café y nos reíamos a carcajadas. Michael siempre fue una maravilla artística para mí. Era intrigante pero callado. Siempre sentí que decía mucho con solo unas pocas palabras y sus acciones siempre hablaban más fuerte. Ambos me hicieron sentir amada y aceptada.

Los conocí cuando se mudaron a la base de la fuerza aérea durante mi primer matrimonio. Eran nuestros vecinos y al instante amé a Rachel. No había forma de que alguien pudiera conocerla y no amarla instantáneamente. Su naturaleza caprichosa estaba llena de amor y risa. Tenía una extraña habilidad para amar su vida sin importar lo que sucediera en ella y la admiraba por eso. Cuando la conocí tenía mi propia idea de quién era Dios, era simple y fácil, mi ideología era que debemos amar a nuestro prójimo como a nosotros mismos y si podemos hacer eso estaremos bien. La idea que tenía Rachel de Dios era mucho mejor que la mía. Ella explicó a Dios en términos lo suficientemente simples para que yo lo entendiera. Ella me dijo que Dios era como un mejor amigo; era Él con quien querías tomar tu primera taza de café cuando te despiertas por la mañana. Nunca lo olvidé. Se me quedó grabado. Fue como una semilla que plantó un deseo, en lo profundo de mi corazón, de tener a Dios como mi mejor amigo.

Mientras nos preparábamos para instalarnos, mi mente seguía pensando en lo que significa ser un mejor amigo. Incluso me respondí a mí misma, bueno, al menos en mis pensamientos lo hice. Pensé que un mejor amigo sería alguien que siempre está ahí para mí, incluso si yo no siempre estoy ahí para ellos. Pensé que tal vez me aceptarían y me refiero a todo mi ser; tanto los buenos como los malos. Quizás, un mejor amigo sería honesto conmigo incluso si duele. En este punto, estaba bastante segura de que mi relación con Rachel y Michael me ayudó a definir cómo se ven realmente los buenos demonios y qué puedo esperar de ellos.

Me di cuenta de que estaba haciendo frío afuera y no podríamos mantener el jeep encendido toda la noche. Necesitábamos ahorrar gasolina, así que apagamos el jeep, colocamos los asientos en la parte trasera y saltamos adentro. Tiramos las dos maletas, nos cubrimos de ropa y nos quedamos dormidos mirando a Shrek.

A la mañana siguiente, el sol estaba saliendo, pero aún no

había cruzado las montañas. Me puse un par de sudaderas para ponerme una capa y abrí la puerta para salir. Comencé a alejarme del jeep cuando noté que había un camino, así que lo tomé. Me guió a un pequeño cuerpo de agua. El agua estaba tan quieta, era como un espejo que reflejaba el esplendor de sus montañas. Era tan silencioso, en medio de esta ilustre exhibición de la obra maestra de Dios.

Me quedé allí de pie, "asombrada", respirando el frescor del aire y exhalando nubes blancas y vaporosas con cada respiración. Al mismo tiempo, recordé la alegría que sentí al esperar en la parada del autobús cuando era más joven haciendo exactamente lo mismo que estaba haciendo ahora. Sonreí y creo que incluso me reí un poco. Estaba en el momento y lo estaba disfrutando.

Era algo tan pequeño que me alegraba mucho cuando era niña; Me encantaba respirar el aire frío profundamente en mis pulmones y exhalar el calor de mi cuerpo. Dejé de hacerlo hace años, de hecho, ni siquiera lo había pensado hasta ese mismo momento. ¿Por qué había dejado de disfrutar de algo tan pequeño?

Sabía por qué, simplemente no lo había dicho en voz alta. Me detuve porque me recordó cómo me robaron la alegría. Cómo me lo quitaron una y otra vez. La simple alegría de tomar un soplo de aire fresco robado por los cánticos de niños malos que me llaman "pantalones sucios" o algún otro nombre despectivo; todos ellos eran de un mismo pueblo pequeño donde todos sabían quién era mi mamá.

Pero esta vez no, me quedé allí sin vergüenza e hice la forma de "o" con mi boca mientras hinchaba las nubes contra la niebla de la mañana. El recuerdo de ellos no había hecho eco en mi alma. Mirando hacia atrás, me doy cuenta de que me había dado un regalo. Un regalo para dejar atrás el pasado y estar presente en el momento y todo lo que pude decir fue "Buenos días Dios" con una sonrisa en mi rostro hasta donde el este está del oeste. Me quedé allí "asombrada" por Él. No hubo otras palabras y por primera vez, en mucho tiempo, no hubo otros pensamientos. Solo éramos él y yo disfrutando juntos el momento y la primera luz del día.

La paz de Su presencia me llenó mientras regresaba al jeep. Me preguntaba qué estaría haciendo mi padre. Abrí la puerta del auto y vi que tenía su café de un día frente al respiradero del calentador tratando de calentarlo. Inmediatamente, comenzó a contarme lo increíble que fue su mañana. Había visto un ciervo y se acercó al jeep. Me contó todo sobre la cierva y su visita.

Después de esperar unos minutos, le pregunté a mi papá cuánto tiempo había estado tratando de calentar su café. Dijo: "Unos quince minutos". En ese momento supe que era hora de que encontráramos un poco de cerveza fresca. Pusimos el coche en marcha y seguimos bajando la montaña. Yo diría que a unos treinta minutos de camino hacia abajo notamos que a la derecha había una entrada a algún lugar o algo. La señal era obvia, pero al mismo tiempo no estábamos seguros de si estábamos invitados. Estaba hecho con enormes troncos de madera que formaban un arco sobre la entrada que decía "Gran Lago". Los únicos letreros que había visto así estaban en películas y pertenecían a ranchos en Texas en algún lugar. Sin embargo, ambos nos miramos y nos aventuramos a seguir adelante, bajo el arco, y adentrarnos en lo desconocido. Condujimos un poco más lejos y notamos una cabina enorme.

Ambos estábamos aliviados y agradecidos. Aliviado,

porque este lugar definitivamente parecía de dominio público y el café pronto podría estar en nuestro horizonte. Agradecido, porque en realidad no estábamos traspasando y estábamos fuera de peligro. Habiendo dicho eso, no teníamos idea de que Dios tenía un increíble desayuno buffet escondido al pie de las montañas. Había yogur, fruta, granola, todas mis cosas favoritas y carne, huevos, pan, todas las cosas favoritas de papá. Por no hablar de la interminable taza de café. Definitivamente habíamos ganado el premio gordo. Era una mina de oro y se sirvió bien.

Llenamos nuestros ojos con la grandeza fuera de nuestra ventana de desayuno. Fue asombroso ver la belleza que nos rodeaba. Era Majestuoso de una manera que no se puede explicar. Las montañas se alzaban sobre el lago debajo de nosotros. Fue un reflejo de lo que acabábamos de experimentar. Era como si estuviéramos encaramados en la ladera de la montaña desayunando tal vez como lo haría un pájaro en su nido. Aunque estábamos dentro, todavía podía oler la frescura en el aire; estaba crujiente y me dio escalofríos desde la parte superior de la cabeza hasta la punta de los dedos de los pies.

Nos tomamos nuestro tiempo y hablamos de cómo queríamos volver a este lugar algún día para quedarnos un tiempo. Era rústicamente hermoso y natural entre sus elementos. Había algo especial en ello, pero ambos teníamos la sensación de que la carretera nos llamaba por nuestro nombre. Sabíamos que era hora de terminar, así que tomamos nuestras tazas de café y nos dirigimos hacia el auto. Sabía que íbamos a la casa de mi tía Carol y mi tío Mark y no podía esperar a verlos.

Estaban al otro lado de la vida de Rocky en Sarasota Springs, Utah. No podía esperar a ver a mi tía Carol. No la había visto desde que era muy pequeña. Supongo que no podía tener más de tres años cuando la vi por última vez, pero nunca olvidé el único recuerdo que tenía de ella. Supongo que eso es lo que pasa cuando eres pequeño. Las cosas brillantes de la vida iluminan tu corazón de una manera que nunca podrá olvidarse. No me malinterpretes. Recuerdo a las personas "malas" de mi vida, pero creo que eso es lo que hace que las personas dulces se destaquen aún más. Para mí, mi tía Carol, sostuvo una vela que nadie apaga.

Me senté en el auto recordándola, todavía puedo verlo hoy,

mi hermana Karen y yo paradas en el espejo del baño, mientras la tía Carol arreglaba nuestro cabello y maquillaje. Ella usó un rizador en mi cabello y me encantó. Puedo recordar lo hermosa que pensé que se veía, pero sobre todo recuerdo lo amable que fue conmigo. Le conté a mi papá sobre mi memoria y se rió. Él dijo: "¿Tía Carol? ¿Estás hablando de la misma tía Carol que conozco? ¡Dije sí!"

Durante las siguientes semanas, mi papá y yo caminamos montañas, nos bañamos en ríos, dormimos en tiendas de campaña y nos quedamos en la casa de mi tía Carol y mi tío Mark los días que regresamos de las montañas. El tío Mark me llevó al spa, que era una fuente termal natural que tenían junto a la piscina en su comunidad. Fue increíble. Podría ir allí todas las noches. Incluso cuando hacía frío fuera del "spa" y la piscina climatizada valía la pena. Incluso nos llevaron al club de botes donde tenían un enorme RV y un bote. El tío Mark me enseñó a esquiar en el agua. Él nunca se rindió conmigo a pesar de que estaba dispuesta a renunciar a mí misma. Cada vez que me caía, gritaba: "Inténtalo de nuevo". ¡No sabía que sus palabras resonarían en mi corazón en los próximos años!

Parecía que me tomó una eternidad, pero después de muchos intentos, finalmente me levanté sobre el agua. Solo duró un par de minutos pero me sentí victoriosa. Es asombroso lo que logrará un poco de tenacidad. Después de esquiar, recogía mis cosas y me iba a la ducha al aire libre. Nunca me había duchado afuera. El cielo sobre mí, la frescura del aire y el agua caliente cayendo sobre mi espalda; Me sentí tan libre. Me encantó allí. Hicieron mucho con nosotros.

Fuimos a los cañones de Bryce, Zion y Ohpir, y a cualquier otro cañón que pudiéramos encontrar; todo mientras estábamos con el tío Mark y la tía Carol. De hecho, fueron ellos quienes nos convencieron de ir a Jackson Hole, Wyoming y Yellowstone. Estoy tan contento de que lo hayan hecho. Pude ver la inmensidad de los cañones, ríos y cordilleras. Incluso pude experimentar el géiser más famoso del mundo, "Old Faithful", disparándose a más de 20 pies en el aire. Pensar que estábamos caminando sobre el supervolcán más grande del continente mientras nos quedamos en el valle de Jackson Hole, Wyoming, ubicado bajo la grandeza de la

Cordillera de Teton. Todo en lo que podía pensar era, guau, pellizcame, ¿y esto es real?

Antes de este viaje no había nada en mí que quisiera ensuciarme o estar cerca de cualquier tipo de naturaleza que pudiera dañarme. Supongo que viví bajo un manto de miedo aunque no me di cuenta. Dios hizo tanto por mí. Tengo que disfrutar de mi vida. Hice lo que nunca me hubiera imaginado hacer. Me asombra que nunca tuve miedo. Ni una sola vez pensé en leones de montaña, osos, serpientes, arañas o cualquier otra cosa reptante espeluznante.

Pienso en todas esas cosas ahora y la verdad es que fue un milagro que nunca hubiera pensado en esas cosas entonces. Fue un pequeño milagro. Tan pequeño que ni siquiera sabía que estaba sucediendo, hasta que ahora miro hacia atrás. Hoy puedo decir que "el amor perfecto echa fuera todo miedo", pero no lo sabía entonces. Dios me amaba y el miedo no tenía poder sobre mí. Sentí como si Dios pudiera verme y me sonriera, y llenó mi alma de puro gozo. Experimenté tantas cosas diferentes por primera vez y hubo muchas "primeras veces" en este viaje. No había vivido antes y ahora que sé lo que se siente al vivir, nunca quiero volver a ser quien era antes de conocerlo; antes de conocer la profundidad de Su amor por mí.

Cuando pienso en todos los momentos en los que pude haber tenido miedo. Me quedo completamente asombrada. Quiero decir, mi papá y yo habíamos escalado Ophir Canyon, que está cerca de Tooele, Utah, sin ningún equipo, solo una mochila con granola y agua. No tenía idea de lo que estaba haciendo. Estaba en entrenamiento activo. Una vez, cuando bajábamos por la ladera de la montaña era increíblemente empinado y no tenía idea de cómo bajar sin caerme. Aprendí rápidamente que cuanto más alto subes, más cuidado tienes que tener para bajar de forma segura. Mi papá me explicó cómo agarrarme de la hierba mientras bajaba la montaña.

Mientras me agarraba a la hierba y confiaba en su capacidad para sostenerme, pensé en los años que viví en el valle y en lo ruidoso que era. Pensé en la constante charla que consumía mi mente y en el ajetreo al que había estado conectado. Mi mente siempre iba a mil millas por minuto en todas las direcciones al mismo tiempo y nada tenía el poder de silenciarla. Sin medicación, sin terapia y sin relación. Acabo de aprender las habilidades para vivir con el ruido.

En ese momento, cuando estábamos allá arriba en la montaña, en medio de encontrar un camino seguro hacia abajo, no teníamos idea de los peligros que acechaban más allá de los bordes. Mientras estaba allí mirando el acantilado, me di cuenta de que era Dios quien me protegía. Me protege de los peligros que acechan más allá de los límites de mi vida sin que yo lo sepa. Permitió solo lo que yo podía desnudar. Nunca me dejó romper. Nunca me dejó caer hasta el punto de no regresar. Nunca estuve fuera de Su alcance. Me quedé envuelta en la palma de su mano. Aunque experimenté dolor y sufrimiento, a pesar de todo, fue Él quien me mantuvo a salvo.

Me quedé allí; mis oídos se agudizaron, conocía su voz. Reconocí que era Él hablando desde mi interior y sentí Su protección. Comprendí que no era importante para mí saberlo todo. No necesitaba conocer los detalles. No necesitaba conocer todos y cada uno de los peligros que acechaban, y no necesitaba conocer todos los recuerdos de una infancia perdida. Podría dejarlo pasar y estar agradecido por la pérdida de memoria. Me estaba protegiendo de una fea verdad que podría dañarme. Era lo que acechaba más allá de los bordes y no necesitaba caerme de un acantilado para encontrarlo. Todo lo que necesitaba era Aquel que reconciliaba mi alma consigo mismo y era más que suficiente.

Solo habían pasado unos segundos cuando escuché a mi papá decirme que teníamos que seguir el arroyo por la montaña porque nos llevaría de regreso al jeep. Poco a poco se fue haciendo más fácil. No solo física sino mentalmente; Finalmente había conquistado el ruido. Me sentí humillada por el silencio. Había dejado atrás la charla mientras aprendía mucho sobre cómo conquistar mi viaje mientras superamos los obstáculos que bajaban de esa montaña. Descubrí la ortiga que es una planta que provoca una reacción en tu cuerpo, haciendo que tu piel se sienta como si la estuvieran picando con miles de pinchazos al mismo tiempo. Al parecer, dura unos días. Aprendí a escuchar más de lo que hablo y a seguir instrucciones porque mi vida dependería de ello.

Estas lecciones se volvieron repetitivas a medida que

caminábamos por otras montañas, como si estuviera entrenando para un maratón de "vida" y aprendiendo a correr mi carrera. Pensé en la semejanza entre caminar por estas montañas y vivir la vida. Cuanto más caminábamos, más entendía que habría obstáculos y los superaríamos poco a poco. Sobre todo, aprendí a escuchar, a seguir y a no rendirme nunca. Después de todo, estábamos en situaciones en las que no teníamos otra opción que seguir moviéndonos sin importar lo difícil que se volviera el camino. El parecido de estas caminatas y mi vida fue asombroso.

Exploramos cuevas y vimos algunos de los parques nacionales más hermosos de América. La parte interesante es cuánto aprendí sobre el carácter de Dios en este viaje. Antes de que naciéramos, Dios nos conocía. Nos conocía a mí y a mi papá. Sabía que estaríamos aquí, en este momento, en este momento. Dios sabía exactamente lo que nuestro corazón necesitaba y fue Él quien procedió a sanar lo que estaba roto; no solo en mí sino también en mi papá.

Aprendí mucho sobre el carácter de Dios cuando lo vi remendar la relación de mi papá con su familia. Llegué a ser un testigo de primera mano de la capacidad de mi padre celestial para transformar nuestro desorden en un mensaje. La última vez que mi padre estuvo en Utah, unos tres años antes, era alcohólico. En las sombras de su alcoholismo había una estela de destrucción, relaciones rotas y no había dejado nada más que malos recuerdos. No tenía ni idea de cuándo llegamos a Utah, todos esperaban lo peor de mi padre, pero en cambio obtuvieron lo mejor. Se había recuperado de su adicción utilizando el programa de doce pasos de AA. Mi padre solía decirme cómo AA no le permitía verbalizar realmente quién era su Dios. El programa siempre requería que todos se refirieran a Él como el "Dios de mi entendimiento", pero mi papá siempre decía, "El Dios de mi entendimiento y Sus iniciales son Jesucristo". Me encanta eso de mi papá.

Su audacia fue como ninguna otra; sus palabras a menudo como un golpe de Mike Tyson. Te dejaron aturdido y confundido sin saber realmente cómo responder a tu propio aire caliente. Seamos sinceros; no poder nombrar a tu "Dios" es una tontería. Sin embargo, al observarlo, aprendí a nunca dejar que tu pasado te impida seguir adelante. Ni una sola vez permitió que las historias que contaba su familia sobre los años de su alcoholismo lo detuvieran o lo hicieran volver al alcohol. Siempre les permitió expresar su dolor sin juzgarlos, pero tampoco permitió que esos dolores siguieran lastimándose a sí mismo.

Con el tiempo, era tan obvio que cada miembro de la familia estaba asombrado por los cambios en mi papá. La dureza de sus corazones por todos los años de decepción se había suavizado. Quizás, el testimonio vivo de mi padre plantó semillas de esperanza en el terreno blando de sus corazones. Todavía estoy asombrada de ser yo quien presencie la obra de mi Padre celestial. Observé cómo lo veía restablecer las relaciones de mi padre y su familia. Creo que para su familia significó muchísimo saber que mi padre era bueno.

Fue hermoso ser un testigo, pero solo estoy al tanto de lo que he visto con mis propios ojos y lo que he visto es un Dios que hace todas las cosas buenas. Las cosas feas simplemente parecen desvanecerse en Su gloria. Todo mientras lo usa para hacernos brillar aún más. Ahora puedo ver claramente. Ahora, entiendo más que nunca, que de donde sea que vengamos, lo que sea que hayamos hecho, o quienquiera que nos lo haya hecho, palidece en comparación con la luz de Su gloria porque ahí es donde Él hace que "todo" sea bueno.

El Viaje de Algo Brillante

Capítulo Siete:
Cuarenta Días y Cuarenta Noches

Después de cuatro semanas de reconciliación y tiempo bien pasado con la familia; Estaba empezando a ponerme ansiosa. Había inquietud dentro de mí, así que sabía que probablemente era hora de volver a la carretera. Nos dirigimos de nuevo hacia la autopista diez en dirección a Carolina del Norte. Sabía que había pasado suficiente tiempo, pero también sabía que el viaje no había terminado. Después de todo, todavía necesitaba un destino final. A donde iria ¿Dónde está el lugar al que llamaría hogar? A pesar de que mi cabeza y mi corazón estaban llenos de preguntas, no había nada que pudiera detenernos de tomarnos nuestro tiempo y absorber lo que nos esperaba en el camino.

Dejamos Bakersfield California y nos dirigimos hacia el Parque Nacional Zion. Sería nuestra última parada en las grandes cadenas montañosas del oeste y estaba emocionada de explorarlas por última vez. Manejamos durante unas horas antes de llegar a Sion. El jeep inició la subida por la ladera de sus magníficos acantilados de arenisca. Los neumáticos parecían fundirse en los caminos, como si fueran uno solo, enrollando cómodamente contra los huecos de sus monolitos. Los cañones eran tan anchos que la luz del sol desaparecía en sus desfiladeros tallados por el río; decir que era hermoso le hace poca justicia.

No hay adjetivos para cautivar la majestad del designio de Dios. El pincel de Su palabra hablada hace que todo esto cobre existencia. ¿Cómo medir la magnitud de esta belleza en la sencillez de mis palabras? No puedo. Así que, en cambio, nos detuvimos. No había forma de que pudiéramos seguir conduciendo. Arrancamos en la meseta turística del armario. Cuando salimos del jeep, mi padre me convenció de que trepara por el borde de una de las barreras. Hizo mucho de eso, pero nunca fue necesario convencerlo demasiado. Estaba listo para cualquier cosa.

Nos sentamos allí durante mucho tiempo disfrutando de los momentos finales de absorber la majestuosidad de estas Montañas Catedral. Después de todo, nos estábamos preparando para despedirnos de ellos. Ambos nos sentamos juntos, en silencio, en un silencioso asombro por la creación. Estoy segura de que ambos estábamos reflexionando sobre la magnificencia de todo esto. Imaginé que Dios nos sonreía mientras tomábamos el aire, sintiendo la hierba entre nuestras manos, mientras nos apoyábamos contra la ladera de la montaña en cascada. Esta vez fue diferente. No había más "qué pasaría si ..." revolviéndose en mi mente, no más "cómo-viene", solo susurros silenciosos de un pasado que había perdido su voz. Me senté abrumada por estar completamente presente en el momento. Ya no tuve que evocar el esfuerzo de ser consciente, simplemente vino de forma natural. Cerré los ojos para respirar todo y cuando los abrí, volví a abrir; he aquí un nuevo sitio estaba frente a mí.

No lo había notado cuando llegamos. No lo vi cuando cruzamos las barreras para encontrar el lugar escénico perfecto. No fue hasta que abrí los ojos que me di cuenta de que había estado aquí antes. Había visto este lugar. Me pregunté, ¿esto es dejavu? No, esta vez no, me levanté de un salto y le dije a mi papá que esperara aquí. Corrí hacia el jeep, abrí la puerta y busqué a tientas debajo del asiento delantero hasta que mis dedos lo encontraron. Lo agarré con fuerza y lo saqué. Ya estaba doblado, así que no pude verlo. No pude ver la portada. Lo cerré y ahí estaba.

Estábamos parados justo en medio de la foto de portada de un atlas de carreteras que había comprado dos años antes. No lo podía creer. Corrí hacia mi papá para mostrárselo y, efectivamente, debimos haber estado exactamente en el mismo lugar que la persona que tomó esa foto. Fue increíble. Me quedé allí con la boca abierta por el asombro de un Dios que piensa en todo.

Me quedé allí como si mi columna vertebral estuviera atornillada a la tierra, inmovil por un momento, mientras entendía la integridad de un Dios que planea cada detalle al máximo. No podía creer que el mapa que estaba sosteniendo fuera el mapa exacto que Dios quería que comprara para un momento como este. No sabía que me iba de viaje por el país cuando lo compré. Allí de pie supe que era Él quien me impulsó a comprarlo. En ese momento, ni siquiera necesitaba un atlas. Simplemente me gustó la imagen de la portada y el recuerdo de mi papá enseñándome a leer uno.

Solo podía ser Dios quien sabía exactamente dónde estaba parado el fotógrafo para tomar la foto que estaría pegada en la portada de un Atlas que estaba sosteniendo en mis manos en este momento. Fue Dios quien provocó que mi papá pasara por encima de la barandilla de seguridad y me animó a acompañarme. Permanecí allí en la plenitud de mi Padre. En la plenitud de Sus planes, simplemente me quedé allí, admirado por la magnitud de Su inclusión.

Entendí como nunca antes había entendido que es Dios, Mi Padre Celestial, quien aprovecha al máximo cada cosa en mi vida con un propósito; amarme para que yo pueda amar a los demás de la forma en que Él me amó a mí. Dios tiene un plan y está completamente desarrollado. Puedo considerarlo como hecho; como si estuviera acabado desde los cimientos de la tierra. Entendí que es Él quien me eligió. Él es quien hace todas las cosas para la gloria de su bondad y ¿para qué? Para compartir conmigo los planes que tiene para mi bienestar, ¿quién soy? ¿Quién soy yo para que Él piense en mí?

Nunca me había sentido tan pequeño en toda mi vida. El peso de lo que Dios me estaba mostrando me dio un propósito y estaba lleno de expresión. La expresión de su voluntad para mi vida. Me hizo uno con Él, uno con Cristo, mientras vigilaba cada pequeño detalle de mi vida diaria. ¿Me llamó de entre los muertos para hacer qué? Para participar de su bondad, de su amor, de su misericordia; La propia intervención personal de Dios hizo lugar en mi rígido corazón. Compartí la plenitud de Su ser y confié en el resultado de Sus planes. Los mismos planes que Él había guardado solo para mí desde los cimientos de la tierra.

Los restos de recuerdos pasados que aún permanecían dentro de mí se habían ido. La conciencia de la medida plena y completa de quién y qué es Dios; llenó cada espacio vacío. La presencia de Su poder y gracia, la plenitud de creer en algo que no podía ver era tan abrumadora que el "asombro" de Él sobrepasaba todo lo que había conocido de Él. En ese momento, se volvió tangible, alguien a quien podía sentir y tocar y sabía que nunca volvería a estar solo. Él iba a ayudarme y, aunque no tenía idea de dónde terminaría, no tenía miedo.

Salimos de la ladera de esa montaña y nos dirigimos hacia los desiertos de Arizona. Estaba oscuro cuando llegamos a algunos de los cielos nocturnos más hermosos de los Estados Unidos. La pureza y la profundidad del azul etéreo reflejaban una altitud de los tonos más extraños de púrpura. Las profundas violetas del crepúsculo se extendían de horizonte a horizonte con rayos de luz radiante de estrellas que cubrían el cielo. La belleza de la misma me dejó sin aliento mientras las lágrimas llenaban mis ojos.

El calor del desierto de Arizona contenía misterios de esplendor con millas de aire caliente cargado de polvo. Cuando salió el sol, se sintió como si atravesáramos la superficie de la tierra con olas de intenso calor vaporizando el pavimento frente a nosotros. La intensidad de sus aerosoles de whitecaps en colores rojo, naranja y amarillo pintó el horizonte del desierto. Mientras mis ojos se entregaban a los secretos de este lugar, la vida a gritos del Strip de Las Vegas interrumpió mis visiones del verano indio y todo lo que pude pensar fue una palabra, NO.

La civilidad en su máxima expresión nunca pareció tan distorsionada como cuando se alejó de los claros cielos nocturnos de los desiertos de Arizona. No quería escuchar el ruido del Strip de Las Vegas. Me pregunté si alguien se dio cuenta de lo que estaba sucediendo en los callejones o en las esquinas. ¿Vieron la aguja tirada en la calle y la gente buscándolos? ¿Alguien levantó la vista de sus febriles suposiciones de un tiempo bien empleado? "Gastado;" Hay una palabra que explica todo en este lugar y no había nada que quisiera ver aquí.

Sentí como si ya lo hubiera visto todo. Cuando miré de cerca, no vi el placer, lo que vi fue el dolor. Mientras conducíamos por las calles, todo lo que podía sentir era la oscuridad disfrazada de luz. La luz del día oculta la vitalidad de las luces de Las Vegas que rebotan en sus calles y silencia las atracciones haciéndolas parecer aburridas. Por alguna razón, me recordó a las estrellas en el desierto y cómo la luz de las estrellas me hizo sentir pura, cómo llenó mi corazón de esperanza y expectativa; mientras que las luces de Las Vegas fueron hechas por el hombre y tenían el potencial de llenar los corazones de distracción, decepción y arrepentimiento.

La verdad era que estaba ansiosa por salir de Las Vegas. De hecho, estábamos planeando tomar la autopista diez hasta que pudiéramos cortar y abrazar la costa para atravesar Nueva Orleans, Louisiana, pero el huracán Katrina cambió todo eso. Escuchamos la devastación en las noticias el 29 de agosto de 2005. Entonces, llegamos de regreso a Carolina del Norte el 30 de agosto y nos fuimos el 22 de julio un día antes del cumpleaños de mi hijo. Recuerdo que quería quedarme hasta el sábado 23 para disfrutar del cumpleaños de mi hijo antes de salir a la carretera, pero no pude porque sabíamos que no era seguro para mí.

Pasarían años antes de que me diera cuenta de que mi viaje a través del país desde Carolina del Norte hasta California y de regreso fue exactamente cuarenta días y cuarenta noches. En el momento en que hice el viaje no estaba planeado. No había una agenda y no tenía idea de que hubiera una correlación en las Escrituras. Lo hago ahora y creo que es importante incluir que Jesús ayunó cuarenta días y cuarenta noches, en el desierto, después de su bautismo. (Mateo 4: 2, Marcos 1:13, Lucas 4: 2). El período de la resurrección y ascensión de Jesús al cielo fue de cuarenta días (Hechos 1: 3). Moisés subió al monte de Dios durante cuarenta días y cuarenta noches (Éxodo 24). Entonces, ¿qué tiene que ver conmigo?

Creo que fue un período de prueba, un tiempo de reflexión y limpieza. Tuve que pasar por todo esto para darme cuenta de que Dios tenía una tierra prometida preparada solo para mí. Me estaba equipando con las herramientas que necesitaría para pasar a la siguiente parte de mi viaje; autoestima y valor. Dios me estaba mostrando quién era Él y cómo era realmente su carácter. Quería que supiera la verdad; que soy suficiente tal como soy y no por mí sino por Él. Entendí la verdad y la verdad es que no hay nada que voy a hacer que se sume a la cruz y no hay nada que voy a hacer que alguna vez lo quite.

En otras palabras, nunca podría agregar a Jesús y nunca podría quitarle. Está completo e íntegro. El eligió convertirse en el camino, la verdad y la vida y llevarme a una relación perfecta con mi Padre celestial. Me ha dado una forma de encontrar mi vida en Él. Él es la fuente de toda la verdad. Él es el principio y el final y Él es todo mi intermedio.

Fue Jesús quien ayunó durante cuarenta días. Fue Él quien oró, en el jardín de Getsemaní, mientras grandes gotas de sangre caían de Su cabeza por la angustia de saber que Él llevaría la carga del pecado por toda la eternidad. Fue Jesús quien le pidió a Dios que le quitara la carga de llevar la copa; sin embargo, dejó a un lado Su voluntad para aceptar la voluntad de Su Padre. También fue Él quien permaneció fiel y sigue siendo fiel hoy. Él fue el crucificado por mis pecados para que yo pudiera experimentar lo que se siente al ser perdonado. Él fue quien dijo: "Consumado es" y entregó Su Espíritu cuando murió allí en esa cruz. Fue Jesús a quien nuestro Padre celestial resucitó de entre los muertos y ascendió al cielo. ¿Por qué? ¿Por qué hizo todo eso?

Yo tengo la respuesta. Ahora lo sé, pero entonces no lo sabía. Hizo todo eso por la "esperanza de poder" llegar a conocerlo. Tener una relación con Él para que "pueda" dejar que Su Espíritu, el Espíritu Santo, sea mi maestro. Tenía una esperanza; la esperanza de poder llegar a conocerlo como el dador y redentor de mi vida.

¿Quién ha hecho algo por mí, con la "esperanza de que pueda" responder? ¡Ninguno! Nadie que lo sea, excepto Jesús. Me tomó cuarenta días y cuarenta noches enterrar el pasado y dejarlo enterrado. Fue necesario que Jesús me mostrara que Él es quien transforma mi dolor en piedras angulares para su uso en el futuro. Tomó lo que estaba destinado a hacerme daño y construyó una casa dentro de mi corazón; llenando cada espacio vacío con su amor. El Padre, el Hijo y el Espíritu Santo morando en un lugar a la vez con la esperanza de que yo pueda ir a unirme a ellos.

Tio Bobby, Hermanita Jessica, Hermana mayor Karen Me, Shelton, Mikey (1yr) (Hermana menor no mostrada)

Jessica, Mikey, Shelton (no head), Karen, Me (Silly Face), DaddyO Mi Padre

Mi Madre at 21 and Mom at 49

Tio Mark and Tia Carol

El Viaje de Algo Brillante

Yo a la 6 anos   Hermano Mikey   Hermanita Jessica

Yo a los 4 con mi
hermano pequeño Mikey

Hermano Mayor Shelton

Hermana Mayor Karen

Yo a los 8

(Hermana menor no mostrada)

El Viaje de Algo Brillante

Sirenas Pisoteando Terrenos

El Viaje de Algo Brillante

Capítulo ocho:
Nuevo Comienzo

El Viaje de Algo Brillante

La carretera estaba detrás de nosotros, las montañas eran un recuerdo y pronto estaríamos cruzando la frontera de Carolina del Norte. No pude evitar reflexionar sobre lo que acababa de experimentar. Estaba fijo dentro de mi corazón como si algo se levantara dentro de allí. No podría describir el sentimiento más que decir que me sentí lleno. Como si no hubiera más espacios vacíos, los letreros de vacantes se habían eliminado y me sentí completamente ocupada.

La magnitud de mi Dios y lo mucho que se preocupaba por cada persona en nuestro viaje resonó dentro de mi corazón. Desde aquellos con los que compartí a Jesús en los vestíbulos del hotel y los restaurantes, hasta las relaciones de la familia de mi padre que se están restaurando. Sabía que mi padre se preocupaba profundamente por todos nosotros y sabía que más que nada importaba la gente y también sus relaciones. Mientras estaba sentada en el asiento del pasajero, sin saber realmente lo que me deparaba el futuro, supe que Dios nunca se perdía un día o un momento. Él está con cada uno de nosotros siempre y lo que pensamos que perdemos en años, nos lo devuelve en gracia; una gracia que no tiene medida y que multiplica los momentos que más importan.

Llegamos a Carolina del Norte y nos detuvimos en el camino de la entrada de mi exmarido. Mi prioridad número uno era ver a mi hijo, TJ. Extrañaba tenerlo conmigo durante las semanas de ausencia, pero también sabía lo que Dios había hecho dentro de mi corazón y cuánto había cambiado. Me preguntaba si alguien se daría cuenta de lo que me sucedió por dentro mirándome desde fuera. No lo hicieron, pero, sinceramente, no pensé que pudieran. Todo esto fue nuevo para mí. Estaba a punto de enfrentarme a mí misma y a todas las decisiones que tomé. No tenía idea de cómo Dios tomaría lo que había roto y lo convertiría en una multitud de nuevos comienzos.

Mi ex marido, Eric, y su esposa, Shelia, siempre habían sido buenos conmigo. Aprecié quién era ella en mi vida y en la vida de nuestro hijo. No creo que alguna vez pudiera relacionarse con una madre que se alejaría de su hijo por la madre que era. Ella es asombrosa. Solía referirme a ella como la "mamá del fútbol". Shelia trató de animarme con sus palabras. Una vez me preguntó si tenía miedo. En ese momento, realmente no sabía la respuesta a su pregunta, pero ahora sí. Tenía miedo de nunca ser la mamá que quería para mi hijo. Ella era todo lo que yo quería que tuviera y estaba agradecida por eso.

Escuché las palabras de apoyo de Shelia, pero nunca sentí que pudiera compararme con la increíble madre que era. Siempre quise lo mejor para mi TJ, incluso si eso significaba estar sin mí. Quiero decir que tenía la capacidad de ser la mamá divertida. Podría ser la mamá del fin de semana, las vacaciones y el verano, pero era difícil ser la mamá de todos los días. Cuando TJ estaba en el jardín de infancia, fallé miserablemente en asegurarme de que desayunara antes de la escuela. Era el único objetivo que quería lograr y no parecía poder manejar ni siquiera una tarea tan pequeña y mucho menos ser responsable de sus necesidades diarias. Tenía miedo. Tenía miedo de fracasar como mamá. Quería que tuviera la madre perfecta y no había nada en mí que fuera perfecto. Todavía tenía que darme cuenta de que fue causado por la falta de maternidad en mi infancia y un profundo deseo de protegerlo de mi quebrantamiento.

Estaba feliz de que Eric y Shelia fueran siempre tan fáciles de tratar conmigo. A menudo dejaban que TJ se fuera conmigo cada vez que aparecía a buscarlo. Regresamos a la casa de mi hermano. Solo estaba a una hora en coche. Nos detuvimos en el camino de la entrada de mi hermano. El mismo camino de entrada que dejé cuarenta días antes. Mucho había cambiado. Regresaba como una nueva persona y estaba emocionada de compartir todo lo que había visto. Mi hermano Mikey y su esposa, Kim, estaban felices de vernos a todos y nos recibieron con los brazos abiertos. Aguantó mucho mientras yo no estaba y lo hizo todo para protegerme; como lo haría un hermano.

Mikey y Kim se habían convertido en padres sustitutos de TJ. Realmente lo aman como a los suyos y yo los amo por eso. Ahora puedo ver cómo Dios estaba proporcionando para mi hijo lo que me faltaba para darle. Fue Dios quien cuidó bien de mi TJ y lo amó en todas las formas que necesitaba; a través de otras personas en su vida. Nos quedamos en Carolina del Norte el tiempo suficiente para pasar el fin de semana con TJ. Busqué trabajo brevemente. Preparé mi currículum, pero no parecía que estuviéramos listos para instalarnos. El viaje se sentía inconcluso por alguna razón y aún no había llegado a entender por qué.

No fue hasta que mi hermana mayor, Karen, llamó desde Florida para preguntar por qué no habíamos llegado a su casa todavía que le dije que no creía que lo lograríamos. En ese momento ella dijo: "Quieres decir que condujiste por todo Estados Unidos y regresaste y no vas a venir a Florida a verme". Ni siquiera lo había pensado desde su perspectiva antes, pero ahora que dijo eso, sentí que necesitaba ir a verla. Quiero decir, cuando salimos de Nueva Jersey recuerdo sentir que estaba empacando para Florida. Mi papá y yo incluso hablamos de ir a Florida, pero todavía no estaba segura.

La verdad es que quería quedarme en Carolina del Norte, pero por alguna razón tenía un sentimiento de inquietud. Recuerdo que le dije a TJ que me iba a Florida pero que regresaría, lo que resultó no ser cierto. Hay momentos en la vida en los que desearía poder retractarse de sus palabras, pero no puede. En ese momento, no tenía idea de que tomaría la decisión de quedarme en Florida y esta decisión reforzaría los sentimientos negativos de "no ser escuchado" en el corazón de TJ.

No sabía el impacto que mis palabras tendrían en su corazón cuando le dije que sentía que Dios quería que me quedara en Florida. No tenía la comprensión o la capacidad para explicar claramente lo que quise decir cuando dije esas palabras. Por lo tanto, sin querer, creo que esas mismas palabras le dijeron que elegí a Dios sobre él. Fue un recordatorio de todas las veces que había elegido a un hombre sobre lo que TJ quería. Mis elecciones afectaron la capacidad de mi hijo para sentirse escuchado o, por así decirlo, no escuchado; como si decir que la voz de TJ no importaba, era otra señal que fortalecía un mensaje negativo. No tenía idea del daño colateral que estaba dejando en el corazón de mi hijo pequeño.

No comprendí; que no había forma de que un niño de doce años pudiera comprender la profundidad de lo que quería decir. El enemigo usaría la ignorancia de mis palabras y el nivel de madurez de su edad para reforzar la idea de que "Dios" era un "Dios" que quita, que no era el mensaje que yo quería que él escuchara. Sin embargo, el tiempo probaría que "Dios" usaría exactamente lo que estaba destinado a dañar a TJ para su bien. Ninguno de los dos se dio cuenta de los años que tomaría eliminar este tipo de dolor del corazón de TJ o que él también se pasaría los veinte tratando de resolverlo todo.

La verdad es que hay ocasiones en las que todavía estoy tratando de resolverlo y creo que TJ también lo está, pero no se detiene ahí. Quiero compartir con ustedes lo que sabía que era cierto acerca de las decisiones que tomé en las primeras partes de mi viaje con Dios. Quiero compartir con ustedes mi falta de conocimiento y cómo esa falta tuvo consecuencias no intencionales. Con el tiempo, entendí las palabras que había usado, las acciones que había tomado antes de conocer a Jesús, había construido un templo en el corazón de mi hijo, pero no del tipo que Cristo construye. Era un templo construido para mantener a la gente fuera. Mi hijo construyó muros exteriores como medio de protección. Esos muros detuvieron todo lo que tuviera el poder de entrometerse en sus sentimientos. Siempre tenía el control de lo que permitía pasar por las puertas de su corazón. Muchas veces, con el fin de detener las fuerzas intrusas de las emociones no deseadas, incursionó un poco en el delirio terapéutico que venía en forma de drogas sintéticas o alguna otra alternativa que altera la mente.

Reclamó la libertad; que él era libre pero reconocí las cadenas de un pasado que anhelaba olvidar. Entendí lo que había sucedido. Había caminado muchas millas con esos mismos zapatos y deseaba desesperadamente evitar que recorriera los mismos caminos que yo. El templo que había construido en su corazón era una falacia y fantasía. Al igual que yo, estaba atado a un templo que se suponía que lo mantendría a salvo y seguro, pero en cambio se había convertido en una prisión en su mente, convenciéndolo, todo el tiempo, de que era libre.

Pude ver el paralelo. La toma de decisiones de mi hijo se parecía mucho a la mía. Las mismas cosas de las que quería protegerlo eran las mismas cosas que estaban agachadas en su puerta. Aunque nuestra infancia no fue similar, de alguna manera, el enemigo logró enviarle los mismos mensajes que me había enviado durante veintinueve años. El objetivo del enemigo era lograr tres cosas tanto en mi vida como en la de mi hijo y eso era robar, matar y destruir.

Me preguntaba si los "templos" tenían un diseño similar, ¿adoramos a los ídolos equivocados? ¿Se parecían a los míos? Puede que no sepa la respuesta a esas preguntas, pero puedo decirles que la construcción del templo dentro de mi corazón fue dura, dura y siempre se volvió hacia adentro. Había sido diseñado para encarcelar. Es una arquitectura basada en la vergüenza y la confusión. Su misma naturaleza fue una orden de deshonra que me infligió el dolor de no sentirme nunca lo suficientemente bien. La acusación de mi crimen siempre ante mí como barrancos escarpados excavados por las lluvias torrenciales del abuso. Las heridas de mi acusación estaban inscritas en las paredes del templo de mi corazón; por las manos de los que me lastiman. Fue un dolor que solo buscaba destruirme y me obligaba a añorar lo que ya fue robado.

Me refiero a él como un templo porque es allí donde adoré. Por loco que parezca, es cierto. No porque quisiera adorar el marco de todo lo malo que me había pasado y todo lo malo que había hecho. Lo adoré porque había pasado años haciéndolo más grande que Dios. Había pasado todo mi tiempo haciendo que mis problemas fueran más grandes que Aquel que me tejió en el vientre de mi madre. Creo que lo que más me molestó fue que sentí que podía ver que todo le pasaba a mi hijo. El dolor de ver sus luchas y permitirle pasar por ellas, de la manera que necesitaba, todo mientras confiaba en que Dios lo resolvería todo definitivamente fue un proceso. La verdad es que quería que Dios pasara sobrenaturalmente el proceso y lo hiciera en mi tiempo. Estaba buscando una respuesta de microondas a un problema de olla de cocción lenta.

Después de todo lo que habíamos pasado, ¿cómo podría compartir con él la esperanza que había encontrado? No vendría con palabras porque a lo largo de los años "mi palabra" había sido rastrillada sobre las brasas, quemada con la ceniza. Solo podría llegar en forma de tiempo. No tenía idea de que pasarían dos años antes de que su corazón estuviera lo suficientemente blando como para aceptar venir a verme a Florida y este proceso finalmente pudiera comenzar. Afortunadamente, para entonces, la verdad me había fortalecido. La verdad la había encontrado en Su palabra y la estudiaba diariamente porque la necesitaba.

Lo necesitaba porque el templo que había construido en mi corazón me había tomado veintinueve años y Dios sabía que la verdad era lo único que podía ayudarme. La verdad es la base de la verdadera libertad. Libre de las mentiras que les diría a los demás, pero sobre todo de las que me diría a mí misma La verdad tiene la única promesa que nunca me decepcionará. Siempre tenía que cumplir porque traía a la luz lo que se escondía en la oscuridad. La verdad es la naturaleza misma de mi Padre Celestial, quien se preocupa tanto por mí que estaría atento a mis necesidades, a mi fragilidad, y me trataría con tanto cuidado. Nunca me reveló más de lo que podía manejar; siempre era suficiente que mi fe me ayudara a pasar. Este Padre mío, tan delicado con las revelaciones que compartió conmigo, fue el mismo que marcó las dimensiones del universo con las palabras "hágase la luz", el que puso los cimientos de la tierra, que detuvo los mares que se inclinaban a la orilla, fue Él quien brotó la luz de la estrella de la mañana, y proporcionó un camino donde no había camino. Fue Él quien trajo los ríos que llenaron los lugares secos de mi corazón.

Es Él quien dio a Su hijo como el sacrificio máximo por todo pecado, en la medida en que el este es del oeste y el pasado es del futuro, el pecado ha sido quitado para siempre. Su poder despojado de los cimientos de la tierra exponiendo la verdad de Aquel que vino a salvarme. Él fue el único que me amó lo suficiente como para morir por la esperanza de que yo pudiera llegar a conocerlo. No hay otro amor como este amor. Solo hay un amor que tuvo la capacidad de abrir la puerta al salón del trono en el cielo. Solo hay UN AMOR que bajó el salón del trono de su hogar celestial y lo colocó dentro de mi corazón, pero ¿cómo llegó allí?

Déjame decirte cómo. Viajemos atrás cuando el templo de Jerusalén estaba lleno de preparativos para la Pascua. Probablemente estés pensando qué demonios tiene esto que ver con la historia de esta chica, pero te invito a quedarte. Prometo que valdrá la pena.

La gente había llenado los patios del templo con ganado, ovejas y, por supuesto, palomas para aquellos que no podían permitirse los elementos de sacrificio de élite. Cuando Jesús entró en la casa de Su Padre, Su corazón se llenó de gran energía en pos de Su causa. El celo por hacer las cosas bien forjado en un propósito, la creación de un látigo hecho con cuerdas. Volteó las mesas y esparció las monedas de los cambistas mientras exponía a las personas que compraban, vendían e intercambiaban dinero. Exigió que la guarida de ladrones y víboras dejara de convertir la casa de su padre en un mercado.

Lo único que pudo hacer la gente fue responder: "¿Qué señal puedes mostrarnos para demostrar tu autoridad para cometer actos tan atroces?" Su única respuesta fue "Destruye este templo y lo volveré a levantar en tres días". Ellos respondieron: "¿Crees que destruirás y reconstruirás este templo que nos ha llevado cuarenta y seis años construir?"

En ese momento, los discípulos no entendieron de qué estaba hablando Jesús. Como tantas otras veces, las palabras de Jesús no tendrían sentido hasta que Jesús muriera y resucitara. No fue hasta entonces que los discípulos recordaron lo que dijo Jesús el día que expulsó a los cambistas del templo. Fue en ese momento que se dieron cuenta de que Jesús es el Templo. Fue Jesús quien enfrentó la dura realidad del pueblo de Dios que había cambiado la casa de su Padre por un dios de menor valor. La verdad es que destruyó el templo y destruyó todo lo que el templo representaba. Destruyó los cimientos sobre los que se erigió. El templo, que alguna vez fue el centro de adoración y sacrificio, ya no podía estar frente a la cruz. Sus leyes y obligaciones que acomodaban los requisitos del sacrificio fueron totalmente abolidas con una sola acción. Fue el edificio de la crucifixión del Rey. Esta acción exaltó el único nombre sobre todos los nombres, Jesús, que fue clavado en la cruz; que vivió, que murió y que resucitó.

En este momento, el mismo momento en que leo esta historia de Juan Capítulo 2: 13-22, me enfrento a cada momento en el que he intercambiado quién es mi Padre Celestial con lo que he hecho o con lo que me han hecho a mí. . En otras palabras, estoy siempre a una decisión de elegir la cruz, que me cubre, o de elegir la satisfacción temporal que es pasajera; nunca sosteniendo el tipo de redención que solo proviene de saber lo que Cristo ha terminado. Él es la puerta abierta al Padre que me ama.

Me senté allí mirando las escrituras mientras aprendía de

mi Jesús. Me arrodillo ante el temor de Aquel que pensaba tan bien en mí. Fue Él quien derribó el templo que había construido dentro de mi corazón. Me salvó de la fabricación de mentiras construidas por un enemigo que me odiaba sin motivo. Abolió las leyes de lo que esta vida me había enseñado. Su verdad reveló las obligaciones tácitas de la perfección y las arrancó del marco de mi alma. Fue Jesús quien quitó los cimientos de los que nací y me dio una nueva vida; una vida que vale la pena vivir en las sombras de su gloria.

Destruyó el templo que estaba dentro de mi corazón para reconstruirlo. Si lo estuviera calculando como lo haría un humano, podría decir que me tomó cuarenta días destruir el templo que había estado construyendo durante veintinueve años. La verdad es que, en el momento en que Jesús dijo: "Consumado es", mientras colgaba allí en la cruz, el templo terrenal fue destruido.

Sabía que me enfrentaría a la destrucción que había dejado en los corazones de aquellos a quienes amaba, pero también sabía que Él estaba conmigo. El antiguo templo había sido destruido y se construyó uno nuevo en su lugar; un lugar donde Dios transforma lo ordinario en extraordinario. Un templo construido, con amor, lleno de pasillos que aún no había descubierto, puertas que aún no se habían abierto y almacenes llenos de obsequios que aún no había pedido.

Sabía que Jesús era el templo que se levantó dentro de mi corazón. Sabía que Él era la razón por la que estaba llena y valía la pena explorar esta relación con Él. También sabía, aunque no lo sabía, que sería Él quien restauraría, redimiría y reabastecería, más de lo que podía imaginar. Restauraría las relaciones que había perdido. Multiplicaría el tiempo perdido. Al conocerlo, sabía que encontraría una vida llena de misericordias; como los amaneceres de cada mañana, tuve la oportunidad de vivir todos los días y disfrutar de la gracia de los nuevos comienzos.

El Viaje de Algo Brillante

El Viaje de Algo Brillante

Capítulo Nueve:
El Bautismo

El Viaje de Algo Brillante

Salí de Carolina del Norte con el entendimiento de que el templo en mí se había levantado con un propósito, pero no comprendía la plenitud de lo que había experimentado, de lo que Él me había mostrado. Sabía que vivía dentro de mí. Me había llenado de Su Espíritu. Su amor me había bautizado y sabía que tenía todo el derecho al Reino por el que Él pagó. La entrada al salón del trono era mía. En ese momento, todavía no había leído las escrituras en Juan Capítulo 3 versículo 5. Por lo tanto, no sabía que Jesús dijo: "Lo que es nacido del Espíritu da a luz al Espíritu". No sabía que Jesús prometió edificar Su iglesia sobre la roca de quien Él era, como dice Mateo Capítulo 16 versículos 16-18. Las escrituras revelan que Pedro no era su nombre original. Jesús le dio ese nombre porque sabía que Su Padre le revelaría quién era Él, El Mesías, El Hijo del Dios viviente, y esa era la roca que edificaría la iglesia, pero tampoco entendí que yo era la iglesia. .

Estaba llena y sentía que no me faltaba nada, pero lo que me faltaba era conocimiento. Con el tiempo, he aprendido que el conocimiento llega cuando busco Su verdad por encima de todo.

Es cuando Su palabra tiene la última palabra sobre cómo me siento, cómo respondo y cómo trato con los que me rodean. Esto solo sucede con el tiempo y la experiencia y, a través de ella, toda la gracia de Dios es suficiente para mantenerme mientras aprendo. Después de todo, nunca podría ser responsable de lo que no sé y vivir la vida con las personas, en las relaciones, es la única manera de aprender cómo ser responsable ante Dios por lo que Él elige enseñarnos a través de ellos.

La verdad es que todavía no había aprendido a amar a los demás como Cristo me ama a mí. Solo pude aprender a hacer eso con tiempo, semilla y cosecha. Al igual que los agricultores en un campo, preparando la tierra para una cosecha, yo acababa de comenzar a arar. Al principio cometí muchos errores, pero estaba llena de celo de Su amor por mí y quería que el mundo a mi alrededor lo supiera. Quería que experimentaran el mismo amor que Jesús me había dado a mí porque sabía que lo que me había dado también se lo había dado a ellos. Simplemente no lo sabían todavía.

Me alegré de que mi papá decidiera acompañarme a

Florida. Llegamos a la casa de mi hermana Karen por la noche. Afuera estaba oscuro como boca de lobo en medio de la reserva terrestre Estero Aquatic de Florida, que está cerca de donde vivía mi hermana. Habían comprado diez acres de tierra y habían construido la casa de sus sueños con un camino sinuoso, un estanque en forma de corazón y una piscina en el suelo. Había recorrido un largo camino desde las chozas en ruinas y los parques de remolques que dejamos en Carolina del Norte. Creo que estaba feliz de compartirlo conmigo.

Aparte del breve encuentro en el funeral de mi madre, no habíamos pasado tiempo juntos desde 1995, cuando conduje por Ohio y me detuve en un apartamento que tenía después de casarse con su esposo, Jay. Son divertidos juntos y me hicieron sentir bienvenida. Había hecho muchos planes para que conociéramos el suroeste de Florida. Recordé la primera puesta de sol a la que nos llevó en Bonita Beach. No podía creer la cantidad de conchas marinas que cubrían la costa. Fue intrigante y notable. El brillo de la arena blanca que cae en cascada contra el sol que se refleja en el golfo era como un millón de pequeños diamantes flotando sobre aguas tranquilas.

El sol comenzaba a ponerse y los cielos se llenaban de un millón de tonos de rosa. Me recordó a todas las puestas de sol rosadas que había visto en todo el país, principalmente desde la ventana de mi jeep. Los colores profundos del fucsia irradiaban hacia arriba desde la superficie del océano, desvaneciéndose en tonos anaranjados y amarillos. La paleta del cielo estaba llena de los tonos más puros de agua. Nada quedó sin tocar. Las nubes montañosas flotando sobre nosotros, creciendo cada vez más alto a medida que el sol se posaba en el terciopelo como un revestimiento verde azulado en el horizonte. El agua estaba tan tranquila como mi alma. Todo estaba en silencio y me quedé allí mirando hacia el agua.

Pensé en cómo solo habíamos estado aquí durante una semana, pero sabía que de alguna manera había encontrado el camino al lugar al que llamaría hogar. Sería el primer lugar donde plantaría raíces y crecería. Incluso si realmente no entendía la profundidad de lo que estaba sintiendo en ese momento, sabía que había llegado y me hizo preguntarme cómo sería realmente el "hogar".

Regresamos a la casa de mi hermana mientras le decía lo que estaba sintiendo. Ella respondió: "No estoy lista para que te instales, tengo demasiadas cosas planeadas para mostrarte", pero estaba ansiosa por encontrar un trabajo y empezar de nuevo. No podía ser un flotador para siempre y ya habíamos estado viajando durante más de un mes.

No creo que estuviera feliz de que quisiera un trabajo tan rápido. No obstante, a la mañana siguiente me entregó la ayuda que necesitaba anuncios del periódico local y, créanlo o no, envié mi currículum y tuve una entrevista en menos de una semana. A decir verdad, tuve una entrevista y comencé a trabajar menos de catorce días después de nuestra llegada. Los días previos a mi trabajo nos permitieron a mi hermana y a mi ponernos al día con los viejos tiempos, pero es extraño cómo pasar tanto tiempo con ella me trajo muchos viejos recuerdos.

Lo que ambas aprendimos fue que mientras yo pensaba que ella lo tenía mejor que yo, ella pensaba que yo lo tenía mejor que ella; Ambas lo pasamos mal. Aprendimos que era inútil intentar ganarnos unos a otros con nuestras historias de guerra. Estábamos heridos y estábamos haciendo lo mejor que podíamos con nuestro dolor. Ella compartió conmigo cómo pasó por el programa de desafío para adolescentes y cómo realmente le abrió una puerta para tener una relación personal con nuestro Padre Celestial. Pude compartir con ella lo que acababa de experimentar al cruzar el país y ella entendió dónde estaba en mi viaje. En una de sus noches, ni siquiera sé si se acuerda, me dijo que ahora mismo estaba llena de celo. Estaba en las etapas de tener y conocer "mi primer amor", pero pronto desaparecería y volvería al mundo real.

Nunca le dije nada, pero más tarde esa noche lloré. Me rompió el corazón con la noticia más devastadora que pude recibir. Lloré ante la idea de que de alguna manera, algún día, me alejaría de este increíble amor que era tan precioso para mí. Me dolió mucho y le rogué a Dios que nunca me dejara ir. Le dije que quería que Él fuera siempre mi primer amor y que me protegiera de perder la clase de amor que tenía en mi corazón por Él. Tenía miedo de estropear esta relación como lo había hecho con tantas otras, pero sentí como si Él me sostuviera allí mientras vertía mis esperanzas, sueños y temores en Sus brazos.

Lo que mi hermana y yo discutimos durante esas semanas fue importante. Tuvimos que enfrentar lo que se había estado escondiendo en nuestro corazón durante todos estos años, pero también compartimos la palabra de Dios. Pudimos estudiar juntas y hablar sobre lo que significaba la palabra y cómo era aplicar la palabra de Dios a nuestra vida. Fue un momento importante y el punto de partida de nuestro Padre reparando lo que se había roto hace tantos años.

Ella me apoyó sin importar qué; como siempre lo había hecho. Nos ayudó a encontrar un apartamento en un barrio a unos cuarenta minutos de su casa, que estaba bastante cerca teniendo en cuenta el lugar donde vivía. Estaba en un campo de golf y fue el primer lugar al que llamé hogar. Solía referirme a mi dormitorio como mi armario de oración. Era un lugar de santuario; era donde me retiraba para leer, estudiar y adorarle y cuando estaba en casa, ese era mi pasatiempo favorito.

Después del trabajo, mi papá y yo veíamos las puestas de sol desde Bonita Beach unas tres veces por semana. Fue hermoso cada vez que fuimos. El cielo se llenó de tonos rosados, desde fluorescentes hasta sutiles desnudos, y sentí que me llamaban por mi nombre todas las tardes alrededor de las tres. No importaba lo que estuviera haciendo, mi mente se maravillaba ante el arenoso oasis de la bondad de Dios. ¿Cómo no pensar en lo extraordinarios que eran? Nunca hubo uno como el siguiente creado exclusivamente cada noche para la majestad de los Cielos; al igual que nosotros, hechos de manera única, para la bondad de Dios, también lo fueron las puestas de sol. Creo que tal vez ver esos atardeceres evitó que mi corazón fuera absorbido por mentalidades mundanas mientras mantenían viva mi esperanza con la magnitud de los buenos placeres de Dios.

Desde que estuvimos aquí, los días parecían durar una eternidad en Florida y no podía esperar para escapar de los confines de la América corporativa y dirigirme a la playa. Cuando llegamos allí, nunca me molesté en cambiarme de ropa. Simplemente caminaba hacia el agua, completamente vestida, me recostaba en la superficie del mar y flotaba. Contemplaba las nubes sobre mí y dejaba que el agua llenara mis oídos; ahogando el ruido a mi alrededor. Mi vida nunca había sido más tranquila y nunca había estado más en paz.

Mientras disfrutábamos de la vida cotidiana lo mejor que podíamos, la vida parecía continuar, como la vida, de un día para otro. La "monotonía" del trabajo fue estimulante, pero estaba más emocionada de encontrar una iglesia en casa. Nunca había tenido una antes y estaba ansiosa por encontrar una. Entonces, salimos a buscar y nos invitaron a la iglesia de mi sobrina. Era una iglesia comunitaria muy pequeña. Probablemente asistieron unas cincuenta personas. Realmente no sé lo que esperaba. Tal vez, quería que la sensación de estar allí se pareciera a alguna sensación que había tenido en la cima de esas montañas, pero no fue así. La gente era agradable y, aunque finalmente decidimos ir a otro lugar, este fue el lugar donde conocí a mi primera amiga en Estero, Florida. Ella estaba llorando fuera de la iglesia después del servicio y yo quería ayudar. Entonces, le pregunté si podía orar por ella y eso fue lo que hicimos. Oramos juntas, intercambiamos números de teléfono y hemos continuado nuestra amistad a lo largo de los años.

Probablemente fuimos unas cuantas veces más a esa pequeña iglesia antes de que mi padre escuchara la historia de un pastor en una iglesia bautista cerca de donde vivíamos. Escuchó que el pastor tenía un gran corazón y abrió las puertas de la iglesia para albergar a un alcohólico, no solo por una noche sino por seis meses. El pastor abrió las puertas de la iglesia, le dio un lugar para dormir, comida y entregó su tiempo personal para ayudar al hombre a ponerse sobrio. Este pastor eligió el amor y no eligió amar a la persona de carácter más fácil. Eligió amar a alguien que estaba necesitado y alguien que estaba luchando hasta el fondo de su barril. Fue el "Jesús" que vivía dentro del pastor quien se acercó para ayudar a sacar a un alcohólico en apuros del pozo de su destrucción del que mi papá y yo nos sentimos enamorados. Él era el corazón de la Primera Iglesia Bautista de Estero y esa fue la primera iglesia que encontramos y que llamaríamos hogar en el suroeste de Florida.

Supe el momento en que caminamos bajo ese antiguo

campanario de estilo sureño y atravesamos las puertas del santuario porque me sentí como en casa. Sabía que el líder de la iglesia amaba a las personas quebrantadas, Jesús también amaba a las personas quebrantadas y que yo "encajaría" perfectamente. La verdad era que estaba emocionada de ir a "casa", de sentirme como si estuviera en la "casa de mi padre". Les puedo decir esto, una de las primeras cosas que hice fue quitarme los zapatos debajo del banco y frotar mis pies en la alfombra del piso del santuario. Me hizo sentir más cerca de Jesús y eso lo hizo aún más como un hogar para mí.

Estaba tan absorto en Dios que era fácil olvidarme de las personas que me rodeaban. Quiero decir que no fue que los ignoré. Siempre estaba feliz, sonriéndole a todo el mundo, tomando notas de sermones en mi diario, levantando las piernas en el banco como si estuviera tumbado en el sofá de mi sala de estar y no podía esperar a llegar a la iglesia los miércoles y domingos. La verdad es que no sabía nada mejor, nadie me había enseñado la "etiqueta dominical". Solo sabía una cosa que no podía esperar para llegar a la casa de mi padre cuando las puertas estuvieran abiertas. Era mi casa y la gente me hacía sentir bienvenida allí. La mayoría de ellos eran mucho mayores que yo y vestían mucho mejor que yo, pero nunca me hicieron sentir mal conmigo misma. Me aceptaron tal como era y eso marcó la diferencia. Esta fue mi iglesia fundamental. Es donde me congregué con otros que lo amaban como yo. Fui animada, edificada y fortalecida en mi fe. Es el lugar que aprendí a buscar y busqué respuestas de aquellos que sabían más que yo. Aquellos que habían vivido más que yo y habían visto contestadas sus oraciones. Estaba recogiendo de la belleza de las relaciones sólidas en Cristo, aprendiendo a vivir dentro de los muros de una iglesia, pero anhelando lo que había fuera de ella. Quería contarle al mundo de mi Jesús, pero no tenía idea de cómo sacarlo de la iglesia y plantarlo dentro de los corazones de las personas quebrantadas. Así que seguí escuchando, aprendiendo y creciendo, poco a poco, paso a paso, a través de las relaciones dentro de la Iglesia Bautista Estero.

Puedo recordar esta vez que estaba compartiendo algo que había encontrado en la palabra y la persona me interrumpió con estas palabras, "wow, mira tu rostro". Ni siquiera sabía lo que eso significaba, así que le pregunté, ¿qué quieres decir? Él dijo, estás resplandeciente y yo dije cómo no podría hacerlo, con un Salvador como Jesús. Creo que desconcerté a la gente y probablemente asusté más de lo que ayudé al principio. Quiero decir, estaba tan apasionada por mi Jesús que incluso mi pastor me llamó una fanática de Jesús, de una manera en broma.

Pasé la mayor parte de mi tiempo libre pidiéndole a Dios que me guiara. Tenía una fe tan infantil. Cuando lo pienso hoy, todo lo que puedo decir es Gracias Padre por protegerme en mi inocencia, especialmente en los primeros días. Lo que más me gustaba hacer era despertarme y preguntarle qué quería que hiciera ese día y, si no escuchaba nada, me subía a mi coche y conducía pidiéndole que me dirigiera. ¿Doblo a la izquierda o a la derecha? Simplemente seguí conduciendo sin un destino específico y girando en cualquier dirección que sintiera que Él estaba guiando.

Ahora, no estoy sugiriendo que nadie haga lo que yo hice, solo estoy compartiendo con ustedes mi historia. Incluso recuerdo una vez que me presenté en la casa de alguien en medio de la nada. Cuando salí de mi jeep los perros, con una "s", empezaron a ladrar.

No puedo creer que, a pesar de mi miedo, abrí la puerta, entré al patio, cerré la puerta detrás de mí y caminé hacia la puerta. Había llegado tan lejos y nada me ataba. Me dije a mí misma: "Está bien, estoy bien, así que llamé. Mientras luchaba por contener a la bestia para que no derribara la puerta, logró salir. Noté su fragilidad y su edad. Parecía estar sola y pensé para mis adentros, ella es la indicada ". Mis primeras palabras fueron: "Creo que estoy aquí porque Dios me llevó a tu puerta. ¿Hay algo que pueda necesitar? Pude pasar las siguientes horas escuchando su historia, orando con ella y compartiendo con ella el evangelio que Cristo me había compartido tan libremente.

A pesar de que la encontré de manera peligrosa, Dios sigue siendo bueno. La vio y conoció mi corazón. Fue Él quien nos fue fiel a los dos. Tengo que decirte, no creo que haya compartido esa historia con nadie, y no porque la Biblia me diga que no deje que mi mano izquierda sepa lo que está haciendo mi mano derecha, sino porque fue una medida de la singularidad. de su gracia.

Fue un momento en el que pude ver a Dios moverse en lo milagroso. Su gracia soberana no solo me mantuvo a salvo, sino que también respondió al clamor de mi corazón para compartir a Jesús. Quiero decir, no creo que casi tuve que perderme e ir a buscar en los fuelles del suroeste de Florida para encontrar a alguien con quien compartir a Jesús, pero Dios se encontró donde estaba y tal vez fue una parábola viviente para mí. La verdad es que la encontré en las profundidades del desierto muy parecido a donde me encontró Jesús. Estaba tan perdida dentro de mí misma, sola, en mi propio desierto mental que tal vez solo tal vez, el deseo de encontrar a alguien que estaba perdido se desarrolló en un sentido físico real en mi vida. Quiero decir, fui a buscar a alguien entre los pantanos pantanosos de los subtrópicos de Florida. Era un desierto físico, pero encontré a alguien que estaba en medio de su propio desierto espiritual. Puede que nunca sepa cómo ese momento afectó su vida, pero siempre recordaré cómo afectó la mía.

Aprendí a mirar fuera de mí mismo, a ser guiado por la fe, sabiendo que Dios era digno de confianza y a tocar el corazón de otra persona a través del poder de la presencia. Acabo de aparecer. Yo era la única persona en el mundo que estaba presente, que llamó a su puerta y se sentó con ella en el porche delantero. Este incidente plantó una semilla en mi corazón para no olvidar nunca el poder de estar presente en la vida de otra persona. Nunca olvidaré cómo aparece Dios, cómo nos ve, nos conoce y nos ama a todos. Mi alma prosperó ese día y un nuevo llanto de corazón se creó dentro de mí, "Oh Señor, por favor déjame seguir apareciendo, donde sea que me necesites, ahí es donde quiero estar". Sentí el corazón de mi Padre y al sentir eso, me sentí bendecida sin medida. Me dieron la oportunidad de sentarme con un extraño aunque fuera por un tiempo, puede que nunca sepa si cambió su vida, pero sé que cambió la mía.

Sabía que nunca volvería a encontrar ese lugar; Ni siquiera lo intenté, porque sabía que era un milagro haber logrado encontrar el camino a casa. La verdad es, mirando hacia atrás; Probablemente no se lo recomendaría a nadie. Creo que Dios me mantuvo a salvo en mi hijo como la fe. Quiero decir que oré durante ese viaje y supe que mi corazón estaba bien. Quería encontrar a alguien que estaba perdido para que pudieran encontrar el camino hacia Jesús y creo que eso es exactamente lo que sucedió.

La verdad es que estaba de viaje y estaba buscando mi "nicho", quería encontrar a la única persona que necesitaba escuchar mi historia, pero eso no fue lo único que intenté. Estaba decidida a amar a los demás y por eso pensaba en diferentes cosas que podía hacer para compartir el "amor" con un mundo herido y moribundo. Esta idea me envió al hospital infantil local. Caminaba con una bolsa de lona llena de crayones y mientras los niños enfermos pasaban por los pasillos les dejaba colorear y firmar mi bolsa. Sus sonrisas lo decían todo. Creo que les encantó porque era algo fuera de lo común. No importa lo que hice, sentí que Dios siempre estaba abriendo puertas; especialmente, cuando amaba a los demás, por el bien de "amar a los demás".

A lo largo de los años, he aprendido que cada vez que hacemos lo que es bueno, agrada a nuestro Padre Celestial, porque Él es bueno. Bueno es quien es; Su propia naturaleza trabaja a través de nosotros. La verdad es que la bondad es un fruto del Espíritu Santo que vive dentro de mí. Es la prueba viviente de cautivar la magia que se encuentra en la bondad sobrenatural de nuestro Salvador Jesús, quien pasó su vida haciendo el bien en todas partes. Dio vista a los ciegos, sanó a los enfermos y liberó a los cautivos. Él proclamó el año del favor del Señor y estoy aquí para decirles que este es su año, su momento, recuerden, Él es el epítome de todo lo bueno y el comienzo mismo de la verdad del Bien que vive en cada uno de nosotros. . Si podemos aprender a seguirlo, a seguir los impulsos de la bondad, lo encontraremos en los susurros de nuestra vida y seremos testigos de lo majestuoso.

Si soy honesta, lo que realmente quería era trabajar para mi Padre Celestial y no tener que ir a un trabajo mundano; aunque estaba agradecido de tener uno. Quiero decir, ese trabajo me proporcionó y no fue un mal trabajo. Simplemente nunca sentí que encajara allí y no tenía la libertad de compartir a Jesús de la manera que quería, pero siempre me las arreglé para apretarlo allí de alguna manera, de alguna manera. Es muy interesante cómo la mayoría de la gente quiere escuchar acerca de Él, pero los "gobernantes" siempre quieren que te detengas. Recuerdo que la primera vez que ayuné fue en ese trabajo. Cuando me sentía físicamente débil, iba al baño, me sentaba en el suelo y rezaba para superarlo. Cada vez, me fortalecía para continuar un día más. Una vez, cuando estaba sacando la basura, estaba mirando los árboles sobre mí y juré que estaban en total adoración a mi Padre Celestial. Era como los sonidos que hacían, el bullicio de sus hojas era como música para Sus oídos y era como si lo conocieran de la misma manera que yo.

Los meses pasaron muy rápido; habíamos pasado nuestras primeras vacaciones en Florida, lo que me resultó realmente extraño. Ni siquiera hacía frío y tenía muchas ganas de ponerme una sudadera. Estaba tan emocionada de que mi tía Carol y el tío Mark vinieran a visitarnos, y mi papá hizo arreglos para que me bautizara en agua mientras estaban aquí. Me reuní con el pastor y me dijo lo que tenía que ponerme. Le pregunté si le importaba si me ponía mi camiseta y mis jeans rotos porque quería ser bautizado de la misma manera que Jesús me encontró. Realmente no le importaba. Simplemente me hicieron poner una bata blanca sobre mi ropa.

Recuerdo muy bien ese domingo; era el domingo 8 de enero de 2006. Para ser exactos, eso fue hace catorce años, cuatro meses y quince días, y veintidós horas y treinta minutos. Fue la experiencia más asombrosa que he tenido. También fue el mismo día que un terremoto de magnitud 6,9 frente a la costa de Grecia en el Mar Mediterráneo Oriental. Quiero decir que los cielos y la tierra temblaron de manera muy similar a como lo hizo todo mi cuerpo de pie en el estanque de bautismo de mi iglesia. Estoy agradecida de que nadie muriera en ese terremoto, pero estoy bastante segura de que cuando mi Pastor me sumergió en esas aguas, lo viejo seguramente había fallecido y lo nuevo había llegado.

Cuando salí de esas aguas, me arrodillé en el suelo en cuanto llegué al pie de esos escalones y lloré. Me senté allí en silencio con la cara contra la pared y mi cuerpo agachado en el suelo. Temblando de la cabeza a los pies y no porque tuviera frío sino porque estaba abrumada por Su presencia. Era como si Él estuviera allí conmigo y yo me postrara a Sus pies con asombro de Aquel que me amaba, pero Él no estaba parado a mi lado. Sus brazos no estaban envueltos alrededor de mis hombros. No lo vi por fuera, pero sabía que estaba parado en el interior de mi corazón y me apreté mientras me aferraba a quién sabía que era. Me acordé del amor que me dio y el valor de mi valor. Le di las gracias a Jesús por todo. Le agradecí por hacerme nueva por dentro y por mostrarme que se podía confiar en Él para renovar el exterior.

Me puse de pie sabiendo que había sido, oficialmente, bautizada en el nombre del Padre, del Hijo y del Espíritu Santo. Le había confesado al mundo como testigo que estaba, de hecho, muerto a mi vieja naturaleza, enterrado en Cristo y resucitado de la gracia a una nueva vida, nacido del agua viva que había encontrado en Cristo.

El Viaje de Algo Brillante

Capítulo Diez:
Lección De Amor

El Viaje de Algo Brillante

Después del bautismo, el pastor me pidió que compartiera mi testimonio en la reunión de las seis de la tarde del mismo domingo. Les diría a todos el amor más asombroso que jamás haya experimentado. Compartiría cómo nunca había sentido el amor de la forma en que Jesús me había amado. Él era mi caballero de brillante armadura, mi príncipe, quien vino a mi rescate y me derribó. Estaba decidida a hacer de Jesús mi principal apretón por el resto de mi vida y proclamaría mi amor eterno por él desde el púlpito.

Cuando volvimos a casa, pasé la mayor parte de la tarde preparando lo que iba a decir. Lo escribí palabra por palabra y planeé leer lo que le había escrito a la iglesia, pero Dios tenía otros planes. Las horas pasaron rápido y antes de que me diera cuenta, era hora de irme. De hecho, dejé el cuaderno en casa y no me había dado cuenta de lo que había hecho hasta que el pastor me llamó al frente para compartir.

La anticipación estaba creciendo dentro de mí cuando me puse de pie. No era que tuviera miedo, las mariposas en mi estómago se sentían más como una emoción frenética. Mis ojos estaban enfocados con láser en el púlpito frente a mí. Era como si fuera la plataforma de lanzamiento de la grandeza. Mientras subía al podio, pasé los dedos por las vetas de la madera. Sentí como si estuviera tocando la encarnación de Cristo, mi Jesús, el carpintero. Respiré hondo con gran respeto. Me recordó a aquellos que habían estado allí antes que yo y detrás de todos los demás púlpitos que se hayan creado. Era un lugar como este donde estaban Billy Graham, el mayor evangelista, y Ravi Zacharias, el mayor apologista del mundo. Fue detrás de esos púlpitos donde estaban los pastores de las partes más altas y más bajas de la creación. La historia de la divinidad se extendió entre las naciones detrás de podios como este.

Aunque estaba parada donde tantos habían estado antes, mis primeras palabras se sintieron inútiles en mi debilidad humana, pero, en Cristo, fueron audaces. Nunca perdí el contacto visual con los que estaban frente a mí. Nunca bajé la ceja avergonzada mientras revelaba los secretos íntimos de mi pasado. No me mordía los labios, me costaba respirar y ni una sola vez sentí aprensión. Nunca puse la barbilla avergonzada. En cambio, me quedé allí y las palabras de mi testimonio tocaron el corazón de todas las personas que las escucharon. Estaba enamorada y brillaba de adentro hacia afuera. No había nada ni nadie que pudiera poner mi luz debajo de un celemín o esconderla en una canasta. Esta lucecita era mía y la iba a dejar brillar. Fue mi historia. Es mi vida y es la única Verdad que he conocido.

De inmediato, les hice saber a todos que había dejado mis notas en casa, pero la simplicidad de mi historia era que Jesús me amaba, y no tuve ningún problema en compartir eso. Seguí en un débil intento de plasmar en palabras lo que me había sucedido desde que encontré a Jesús. Expliqué cómo era evitable que una vida nacida de la adicción, el abandono y el abuso condujera naturalmente a confusión emocional, abortos, terapia, relaciones abusivas, múltiples intentos de suicidio y, en última instancia, una vida llena de decisiones autodestructivas. Después de todo, había aprendido a vivir mi vida como lo haría un adicto. Uno de cinco hijos, mi madre era adicta, cada uno de nosotros sufría de su adicción. Su adicción moldeó nuestras personalidades, nuestras heridas, hábitos y complejos. A partir del severo abandono y abuso que sufrí cuando era niña, desarrollé lo que se conoce clínicamente como trastorno límite de la personalidad.

Continué explicando que el trastorno límite de la personalidad (TLP) es un trastorno de salud mental y emocional. La mayoría de las personas con TLP sufren problemas para regular las emociones y los pensamientos, comportamientos impulsivos e imprudentes y relaciones inestables con otras personas. Las personas con este trastorno también tienen altas tasas de trastornos concurrentes, como depresión, trastornos de ansiedad, abuso de sustancias y trastornos de la alimentación, junto con autolesiones, comportamientos suicidas y tienen las tasas más altas de suicidios exitosos.

Debido a esto, la codependencia también plagó mis relaciones. El diccionario Webster define la codependencia como una condición psicológica o una relación en la que una persona es controlada o manipulada por otra; Dependía de las emociones de los demás que me controlaban. Esto se refleja en mi necesidad de tener un hombre que se convierta en mi dios y que le sirva sin dudarlo. Intenté suicidarme más veces de las que puedo contar.

Perdí la cuenta de la cantidad de abortos que he tenido a partir de los doce años. Mi montaña rusa emocional alejó a todas las personas que amaba. Entregué en adopción a mi primogénito ya mi hijo de mi primer matrimonio; Envié a vivir con su padre cuando tenía cinco años. Me aislé de todos los miembros de la familia que intentaban huir de una verdad que no podía enfrentar.

Compartí con la congregación mi capacidad de permanecer allí y llenar su mente con las horribles imágenes de abuso y negligencia infantil de la peor manera, sin embargo, lo que pensé que me gustaría compartir fue mi viaje. Hoy sé que Jesús me ama y me ha amado desde el principio de la tierra. Él me ha curado en lugares que ni siquiera sabía que necesitaba curación y continúa haciéndolo. Me ha mostrado su gran amor y misericordia. Mi Jesús me ama tanto que no hay nada que no use para expresar Su amor de maneras que me consuelen y traigan paz. Me da la oportunidad de compartir su amor con el mundo que me rodea todos los días. Aunque no tengo idea de lo que Dios tiene reservado para mi futuro o de los planes que ha trazado ante mí, sí sé esto, sé lo que sea que sea: "Me va bien el alma".

Me paré frente a todos, tan pronto como esas palabras salieron de mi boca; Sabía que era el final de mi testimonio. Fue muy interesante porque había mucho más que quería decir, pero sabía que era hora de parar. En ese momento, en ese momento, terminó con las palabras finales del último cántico que acababa de cantar la congregación.

Bajé del púlpito y me senté junto a mi papá. Puso su brazo alrededor de mi hombro y me susurró al oído: "Acabas de cargar contra la línea del frente desnudo y con una ametralladora". Lo que me estaba diciendo es que Dios me había dado un don para hablar y no estaba vestida para la batalla. Mi papá había estado caminando este viaje más tiempo que yo, y sabía que yo acababa de librar una guerra contra mi enemigo y que la guerra era exactamente lo que estaba a punto de perseguirme.

Después de mi bautismo, mi relación con Dios pareció profundizarse. Siempre estaba escuchando y listo para verlo moverse en mi vida. Esperé con anticipación y todos los días le pedía dirección. En mi inocencia, estaba locamente enamorada y quería contarle al mundo acerca de Jesús. No podía dejar de compartir lo que había hecho por mí. Hubo un tiempo en que mi lengua se hinchó con llagas rojas por todas partes y me asustó. Pensé para mí misma: "Nunca volveré a hablar, no le diré nada a nadie", pero la verdad es que no podía parar. Comencé a orarle a Dios sobre lo que tenía que hacer y me dio instrucciones claras.

La primera dirección que me dio no tenía sentido para mí, porque normalmente aprendemos de niños, si la estufa está caliente, no la tocas porque te quemarás. Era extraño que se pusiera en mi corazón por encontrar a alguien con quien compartir mi historia. Aunque no estaba de acuerdo con él, hice lo que me pidió que hiciera de todos modos. Encontré a alguien, les conté todo, y tan pronto como terminé mi lengua volvió a la normalidad y mi fe aumentó.

Eso solo me ha pasado una vez. Ha habido muchas primeras y últimas ocasiones en mi viaje con mi Padre Celestial que me ama, que es fiel para llevarme a la verdad completa y total. Me muestra la misma verdad que me libera todos los días. Lo encuentro en Su palabra, entre Su pueblo y en el paso de extraños. No hay nada que Él no hará para enseñarme quién es Él y lo que dice que soy. Vivimos en una elocuente danza de la vida unos con otros, aprendiendo a ser uno con Él como Jesús está en Él y Él está en Jesús, y yo también en ellos.

Dios me ha dado visiones; visiones que han animado a la persona que Él me está creando para ser. Una vez que me vi a mí misma al pie de la cruz, mis ojos se enfocaron intensamente en los pies de Jesús clavados en ella, mis brazos se levantaron en adoración mientras me enfocaba en Él, y el pecado pasó volando sin poder tocarme. Recé todos los días por todos los que conocía y por los líderes de mi iglesia. Tengo diarios llenos de oraciones por los demás. Visité otras iglesias con personas que conocí. Había una mujer, la amaba, tenía cinco hijos y vivía en un apartamento en Palm Beach Ave, una zona pobre de nuestra ciudad. Su nombre era Vernestine, todavía pienso en ella. Me invitó a su iglesia y estaba muy feliz de ir con ella. Era un viernes por la noche y nuestra iglesia bautista solo se reunía los miércoles y domingos, así que el viernes por la noche fue bueno para mí.

Era una iglesia vibrante, todos llenos de adoración, cantando en voz alta, aplaudiendo y llenos de gratitud expresiva.

Fue divertido estar ahí. Nos paramos a unas cinco filas del frente y me aseguré de estar al final de la isla porque vi a un hombre sentado en el banco del frente. Definitivamente no tenía hogar. Se notaba por su ropa, cabello desordenado y uñas sucias. Pensé para mis adentros: "Quiero compartir con él", pero no podía simplemente interrumpir el servicio, así que esperé a que terminara. En nuestra alabanza y adoración final, todos cerramos los ojos y comencé a preparar mi corazón para acercarme a esta persona que nunca había conocido. Cuando abrí los ojos, se había ido.

Dejé caer los brazos a los lados, le dije adiós a mi amiga y me dirigí al estacionamiento. Mi corazón estaba un poco roto. Tenía muchas ganas de compartir con él cuánto lo amaba Jesús. Entré en mi jeep, miré hacia arriba y allí, al otro lado de la calle, lo vi. Estaba sacando su bicicleta de detrás de los contenedores de basura. Conduje rápidamente hasta donde estaba y le dije: "Disculpe señor, tengo algo que quiero compartir con usted". Cuando se acercó a mí, sus ojos eran de un azul embriagador, su sonrisa era encantadora cuando me miró y dijo: "Bueno, tengo algo que quiero compartir contigo". La tranquilidad de su fe se instaló en mi corazón. La verdad de lo que estaba compartiendo tenía una profundidad que aún no había experimentado. Me dijo que elige no tener hogar para compartir el amor de Jesús con aquellos que no tienen hogar. Todo lo que podía pensar es, "¿Qué tipo de amor es este?"

No estaba borracho de vino, como esperaba, pero estaba lleno de Espíritu. No estaba escapando de una horrible tragedia en el fondo de la botella. Compartía el sufrimiento de los demás con la esperanza de marcar la diferencia. Explicó cómo recolecta comida y agua de las despensas y refugios para compartirla con sus amigos que viven en el bosque. No estaba discapacitado o definitivamente no parecía tener ningún problema de salud mental. Supongo que eso podría ser cuestionable para algunos, considerando que él estaba eligiendo quedarse sin hogar con los sin hogar. Me dijo que el tipo de personas a las que ayuda no se abriría a cualquiera. Son vagabundos que viven al margen de la sociedad y no tienen ningún deseo de hacerlo de otra manera, pero que él fue llamado para traerles esperanza.

No dije una palabra. Solo pude escuchar. Compartió conmigo el amor de Jesús, me dijo que tuviera una hermosa noche y se fue en bicicleta. Me desconcertó su fe, su lealtad, su sabiduría y, por alguna razón, se convirtió en un símbolo para mí. Se convirtió en un símbolo de la verdad. La verdad la encontré en Juan 15:13; "Nadie tiene mayor amor que este; que un hombre da su vida por sus amigos ".

Esta escritura me dice que no hay otro amor que sea más grande que el amor de alguien que da su vida por otro. Este vagabundo, el vagabundo que vive en las afueras de la sociedad, estaba eligiendo dar su vida al igual que mi Jesús dio su vida por mí. No estoy segura de cuánto tiempo estuve sentada en mi jeep en el estacionamiento de esa gasolinera, pero sé que lloré de asombro por Dios que nos ve a todos. Me asombra un creador que es consciente de cada ser humano que vive en la tierra. En el asombro de un Padre que dio a Su único Hijo quien eligió morir y pagar el precio para darnos exactamente lo que Dios siempre había querido. Me acerqué a él con la esperanza de compartir el evangelio y lo que hizo por mí cambió mi vida para siempre. El impacto de su sacrificio me mantiene preguntándome sobre los motivos de mi propio corazón. Nunca olvidaré su historia porque se repite en mi corazón y en mi mente. Me senté en mi jeep y le pedí a Dios que me ayudara a entregar mi vida para amar de la misma manera que Él ama para que el mundo sepa que Él envió a Jesús para salvarnos a todos.

Poco después de este encuentro, decidí ayunar y orar. Nunca había hecho eso antes, y tuve la idea de probarlo cuando estaba leyendo sobre el naufragio en el que estaba Paul, donde dijo que no habían comido en catorce días, luego partió el pan y dio gracias a Dios, y lo compartió con las mismas personas que lo iban a matar para evitar su fuga. A veces, sentía como si acabara de atravesar una tormenta, un naufragio propio, y realmente necesitaba alguna dirección en cuanto a cuáles serían mis próximos pasos. No quería caer en viejos hábitos mientras formaba nuevos. Para mí era importante estar cerca de Jesús, tan cerca como pudiera, y la única manera que sabía cómo hacerlo era leer Su palabra y seguir todo lo que pudiera entender.

En esos días, estaba ayudando a mucha gente; gente que

nunca había conocido. Tenía tanta hambre de compartir a Jesús con todos los que no lo conocían que sacrifiqué las relaciones con las personas que más me amaban. Siempre estaba ocupada haciendo algo por otra persona y no tenía tiempo para mi hermana. La verdad era que no podía compartir el evangelio con ella, ella ya lo sabía. Recuerdo que una vez le envié un ultimátum en una carta que recibió en su cumpleaños. Todo esto apesta. Le dije que no quería tener una relación con ella hasta que dejara de beber. Le dije que planeaba unirme a un grupo llamado "Al-Anon", que podría ayudarme a entender cómo lidiar con su alcoholismo.

Ella me respondió. La parte asombrosa de esta historia es que ella quemó mi carta muy cruel y crítica, que es exactamente lo que tenía que suceder y me envió esto:

Querida Jennifer, Gracias por escribir, que muy amable de tu parte. Debo decirte que no está de más que elijas mantener la distancia. Estoy acostumbrada a eso. Lo que duele es que alguien pueda o pueda creer una mentira sobre mí. He hecho suficiente sin la ayuda de nadie más. Verá, recientemente llegué a un nuevo entendimiento que me está ayudando. Efesios 5:18 y no os embriaguéis con vino de alcohol, donde hay exceso, sino sed llenos del Espíritu. Verá, estar borracho es el sustituto del mundo, es decir, de Satanás por estar lleno del Espíritu. He estado en rebelión durante doce años. En [1 Juan 1-9] si confesamos nuestros pecados, él es fiel y justo para perdonar nuestros pecados y limpiarnos de toda maldad. Jennifer, me arrepiento ante Dios y Él es justo. Pagaré por mi rebelión, por ejemplo, mi relación contigo. No creo que ningún grupo le ayude a comprenderme. Sin embargo, le ayudará a comprenderlo a usted y a su reacción hacia mí. Sin embargo, el perdón es el comienzo de la curación. Te perdono por no recordar los sacrificios que hice por ti con la ayuda de Dios. No tendré que volver a verte en este mundo. Sé que te veré en el cielo y podemos alabar al Señor por la eternidad juntos. Sepa que Dios restaurará todo lo que perdí diez veces en esta vida cuando mire el rostro de mi Salvador. Cree lo que quieras, lo harás de todos modos. Te amo y te extraño. Saber que eres salvo vale la pena. (firmado) Karen.

Aunque no recuerdo todo lo que escribí. Sé que no fue una buena carta. Puedo decir que ahora estaba sacando mis frustraciones de mi relación con mi madre con mi hermana. Antes de esto, no tenía idea de que quería que mi hermana me eligiera por encima del alcohol y, de alguna manera, sería como si mi madre me eligiera por encima de su adicción. Quería ser lo suficientemente importante como para importar. Quería que mi hermana pagara un millón de veces por que mi madre eligiera su droga preferida sobre mí. Quería que la posibilidad de que mi relación con mi madre se restableciera en la relación con mi hermana.

Me quedé de pie sosteniendo su carta en mi mano mientras lágrimas decididas llenaban mis ojos. Vinieron con un propósito, limpiar mi alma de toda maldad. Dentro de mi corazón había algo escondido. Lo que estaba oculto se hizo visible con cada lágrima. Justo debajo de la superficie de la desesperación le envié una carta llena de ira y dolor. Dolor por lo que había perdido sin tener en cuenta lo que había perdido mi hermana. La evidencia de mi amargura ahora se desplazaba por mis mejillas y aterrizaba en la misma carta que me rompió el corazón. Sus palabras rompieron mi corazón en el buen sentido. Me revelaron la dureza que todavía albergaba y desencadenaron las emociones detrás de mis motivos que me dieron una idea del corazón de mi carta y la gracia que ella mostró tan elocuentemente sobre la de ella.

Es tan interesante que su carta se ha quedado conmigo todos estos años. Hubo momentos en que flotaba por mi casa y simplemente aparecía en alguna parte. Siempre que lo hace, siempre lo leo y me refresca el alma cada vez. Es un recordatorio para mí de que todos tenemos una historia con la que caminamos. Es como el hombre que me encuentro saliendo de detrás del contenedor de basura; es como mi mamá, a quien mi papá una vez me dijo que "incluso las casas de crack necesitan a Jesús", como para dar a entender que compartía a Jesús donde quiera que fuera, y es como mi hermana que lucha con el alcoholismo. Hay cosas en nuestra vida con las que lucharemos, pero no se supone que esas cosas nos separen de nuestro Salvador. No puedo huir de mí mismo. En mi mejor momento puedo aprender a amarme a mí mismo exactamente donde estoy sin permitir que mi vida dicte mi amabilidad o la amabilidad de los demás.

La cruz está por siempre delante de mí, por siempre detrás de mí, y solo me queda una pregunta. ¿Qué diablos voy a hacer con todos los "intermedios" de mi vida? Si Jesús es mi comienzo y Él es mi final, entonces Él también debe ser mi "todo" intermedio. Entonces me pregunto: "¿Cómo puedo hacer eso?" La respuesta es que puedo darme a mí misma y a los demás la gracia que necesitamos para crecer. La misma gracia que Jesús me da. El es el fiel. El que vence, el que redime, restaura y renueva todo lo perdido. Él es quien nos ha dado su propio Espíritu, el Espíritu Santo, vivo y sano, viviendo en el interior de cada uno de nosotros y permanece fiel para ser nuestro maestro, si se lo permitimos. Es Jesús quien nos lleva a toda la verdad y todo el conocimiento de quién es Él y la plenitud de lo que ha hecho.

1 Corintios Capítulo 13 me describe un amor pleno. La plenitud de un amor que es paciente, un amor que es bondadoso, un amor sin envidia, uno que nunca se jacta y no es orgulloso, un amor que nunca menosprecia a los demás y que no es egoísta. Este es el tipo de amor que nunca se enoja fácilmente y no guarda

registros de errores. Un amor que nunca se deleita en el mal, sino que siempre se regocija con la verdad. Es este amor que siempre protege, siempre confía, siempre espera y siempre preserva. Es este tipo de amor que nunca falla.

Lo que sé ahora, solo lo sé en parte. Lo que veo ahora, lo veo solo en parte, pero cuando lo vea, cara a cara, lo conoceré plenamente, tal como soy plenamente conocido, tal como me dice la Escritura. La verdad es que no sé nada, solo la cruz porque es por la cruz, y por la cruz, que he recibido este tipo de amor. No hay lección más grande que esta que he encontrado en 1 Corintios 13:13 "ahora, hay tres Fe, Esperanza y Amor. Pero el mayor de ellos es el amor." Un amor que no guarda rencor, un amor que me impulsa a seguir por caminos menos transitados, dándome la alegría de las cenizas de mi pasado. Él ha dado su vida por la mía y ha quitado el velo de mis ojos para compartir conmigo un amor por el que vale la pena morir.

Mi Familia Tino (mi marido), yo,
Eliseo (2 años) y Cheyanne (8 años)
(Medio inferior)
TJ hijo y David Primogénito

El Viaje de Algo Brillante

Capítulo Once:
El Es Fiel

El Viaje de Algo Brillante

Acababa de salir al "mundo real" lleno de Su amor y nada más que esperanza para el futuro. Sabía que había tantos en el mundo que estaban sufriendo como yo solía hacerlo y quería que todos supieran lo que Jesús había hecho por mí, Él también lo haría por ellos. Sabía que no hacía acepción de personas. Sabía que debido a que la Biblia estaba llena de testimonios de todo tipo de personas, desde prostitutas hasta leprosos, había quienes esperaron alrededor de treinta y ocho años para ser sanados, y nada de eso le importaba. Pasó su vida haciendo lo que era bueno y eso era exactamente lo que quería hacer, más que cualquier otra cosa en este mundo, quería amar a las personas heridas y quebrantadas.

No tenía idea de cómo lo haría, solo sabía que quería. Quería ser un reflejo de mi Jesús; el que me ama. Quería desesperadamente que el mundo conociera el mismo tipo de amor que Él me ha dado. Quería que supieran que era real. No fue una especie de ilusión o algo que soñé que fuera real. Es tangible. Altera la vida. Yo no era la misma Yo nunca volvería a ser la misma y Él estaba disponible para cualquiera que quisiera y para quien lo pidiera.

La palabra me dice: "el que cree en él, no se perderá, sino que tendrá vida eterna". Sabía que era un "quién-tan-siempre" y sabía que había miles de "quién-tan-siempre" pasando a mi lado todos los días. Me había salvado del pozo de mi destrucción y fue la palabra de Dios la que logró eso. Sin que yo leyera su palabra, nunca hubiera sabido quién era y cómo era ni la profundidad de lo que había hecho.

Todo lo que sabía era que no iba a negar a mi Jesús. Hice mi misión que donde quiera que fuera, Jesús venía conmigo. Después de todo, acababa de comenzar a estudiar en 2 Timoteo 2: 10-13 que dice: "Si morimos con Él, también viviremos con Él". Sabía que había muerto y quería morir todos los días por cualquier cosa que no fuera de Él. "Si perseveramos, también reinaremos con él". Sabía que no tenía nada más por lo que vivir, Él se había convertido en mi propósito, y no había nada más grande que aprender a permitirle "reinar" sobre mi vida, con la esperanza de que algún día sería un reflejo de Él. "Si le negamos, él también nos negará". Sabía que nunca podría atribuirme el mérito de lo que había hecho. No pude negarlo; El es todo para mi. "Si somos infieles, él permanece fiel, porque no puede negarse a sí mismo". Infiel, cuando estoy al final de mí misma y he tomado todas las decisiones equivocadas que pude tomar, no estoy más que agradecida porque mi Redentor vive y nunca me negará, nunca me dejará, nunca me abandonará, especialmente en medio de mi lío.

Estaba decidida a nunca repudiar a mi Salvador y a encontrar a los que más necesitaban a Jesús y tomar su mano para conectarla con la única mano que salva. Vivía todos los días buscando a alguien con quien compartir mi Jesús. Lo interesante es que nunca tuve que mirar muy lejos. Estaban en las filas de los supermercados, eran cajeros, peatones, compañeros de trabajo y, en un día realmente bueno, era familia. No puedo compartir todas las historias, pero aquí hay algunas.

Trabajaba como cajera en la tienda local de siete once. Era un poco mayor, había perdido los dientes e hizo poco para recuperarse. Cada día que la veía podía compartir un poco más de mi Jesús. A veces, comenzaba como una simple sonrisa y se convertía en una palabra de aliento, y cuando no había nadie alrededor, rezaba por algo que era importante para ella. Finalmente, le di mi número y la invité a ir al club de comedia local con mi papá y conmigo. Fue algo que hicimos en ocasiones. Mi padre era comediante y, aunque la verborrea podía volverse un poco cruda, me encantaba estar allí con él.

La recogí en su casa. Nunca comprendes realmente la profundidad del dolor de alguien hasta que lo ves en su casa. Estaba perdida entre una montaña de escombros con heces de perro esparcidas por el suelo. Tuve que poner a *Carmex* debajo de mi nariz para poder respirar mientras esperábamos para llevarla a ella y a su esposo con nosotros. Me entristeció la forma en que vivía y quería compartir con ella la belleza de un Salvador que tenía el poder de mejorar su vida. Sabía que parte del problema era que ella no conocía su valor. En algún momento del camino ella había perdido de vista su valor y yo estaba decidida a ser una luz brillante en su vida; revelando su valor y valía.

Nos reímos juntos, pero sobre todo disfruté viéndola divertirse a ella y a su marido. Los llevamos a casa y logramos convencerlos de que vinieran a cenar a nuestro apartamento una vez. Nuestra amistad no duró mucho. En ese momento, no estaba seguro de por qué, pero desde entonces he aprendido que aquellos que Dios trae a mi vida son a veces por un tiempo corto, otras veces por un tiempo largo, pero solo unos pocos duran toda la vida. Mi esperanza es que ella aprendiera un poco más sobre Jesús conociéndome. No que yo sea Él, sino que Él me guía y que Él la ama.

La siguiente persona que quiero compartir contigo es una chica llamada Stacy. Ella fue la primera amiga que hice en Florida y la conocí en la iglesia cuando me mudé aquí. Ella estaba luchando en su relación en ese momento y yo era como un imán para los heridos. No había nada más que quisiera hacer que levantar a los pisoteados porque estuve allí una vez. Sabía que Jesús tenía el consuelo que necesitaban y que yo podía ser el recipiente que los conectara con el "Consolador". Nos reuníamos, con la Biblia a cuestas e íbamos al club. Compartiría mi testimonio con quien quisiera escuchar. La mayoría de ellos bebían o estaban borrachos, pero todavía creo que se plantaron semillas en las profundidades de sus almas y Dios las regaría en Su tiempo. Sus promesas son verdaderas y correctas y cuando Él dice que Su Palabra nunca volverá vacía, le creí.

Hicimos esto durante unos meses, hasta que, una noche, se volvió un poco loco. Al entrar en el mismo club al que siempre íbamos, había algo muy diferente. Todos parecían poseídos por demonios. Si fue como si una bandera roja subiera a mi espíritu diciéndome que me fuera de inmediato. Salimos rápidamente y fuimos seguidos por un hombre que intentaba sacarnos de la carretera soldando un cuchillo por la ventana. Llegamos a una gasolinera porque vimos a un oficial. El loco se detuvo junto a nosotros. Saltamos del auto y corrimos hacia el oficial para explicarle lo que estaba sucediendo. El oficial lo sacó de allí y nos fuimos directamente a casa.

Era joven en mi fe y mi inocencia podría haberme metido en muchos problemas, pero Dios siempre me dejaba ir lo suficientemente lejos antes de que Su gracia soberana me atrajera de nuevo. Era un cristiano nuevo con un corazón lleno de fuego listo para extender las llamas de la redención y la restauración. La verdad es que no escucharía un consejo sabio. Recordó lo que mi papá me había dicho en la iglesia después de mi bautismo. Corría hacia la línea del frente con una ametralladora en la mano completamente desnuda. En otras palabras, tenía una historia que quería compartir pero no tenía idea de cómo protegerme y la armadura de Dios aún no se conocía por completo. Mirando hacia atrás, puedo decir que probablemente asusté a más personas de las que ayudé, pero esa no era mi intención. Mi intención era compartir Su amor con el mundo que me rodeaba. Había cambiado mi vida tan drásticamente que no podía callarme aunque quisiera. No me importaba si te ofendía porque Jesús te amaba y había pagado un precio para que lo supieras.

En esos primeros meses pasaron tantas cosas, mi primo de Utah, vino a quedarse un tiempo con nosotros, cuando intentaba limpiarse. Mi hermana menor y mi sobrino, Taylor, se mudaron a Florida para cambiar de escenario y escapar de Carolina del Norte. Quería empezar de nuevo. Mi padre estaba emocionado por ayudarla y yo estaba feliz de que viniera, pero no teníamos idea del tipo de problema en el que nos íbamos a meter. Tenía el corazón para salvar a cualquiera, pero el problema era que yo no era el

Salvador. Pensé que podía cambiar el mundo, pero lo que pasó fue que el mundo terminó cambiándome.

A mi hermana le costaba querer ir de fiesta y yo quería compartir a Jesús. Entonces pensé en llevarla al club, para enseñarle cómo respetarse a sí misma y aún así pasar un buen rato. Aunque, ella siempre terminaría siendo la bebedora menor de edad con la "X" en la mano, sosteniendo una cerveza tan alto como pudiera por encima de la multitud, no había forma de enseñarle. Probablemente había algunas cosas que podía enseñarme. Pensé que era una buena idea tener a nuestro papá como chofer. Estaba feliz de hacerlo y nos divertimos al principio. Pero, recuerdo estar sentado en el asiento trasero del jeep y mirarlos en el frente cuando de repente sentí como si Dios me dijera "Ella te hará caer". Lo sacudí y nunca dije una palabra. Sabía lo que el Espíritu Santo estaba tratando de compartir conmigo y era simple. Solo significaba que no podía seguirla; Solo podría intentar ser un ejemplo. No cambió el hecho de que tenía un problema y el problema era que estaba teniendo problemas para reconciliar el mundo en el que vivimos con esta nueva verdad que me habían dado.

Fue un proceso. Seguía mirando las circunstancias mientras me invitaban a un compromiso a mi nuevo camino sin que yo lo reconociera. Hubiera sido más seguro estar completamente alejado del estilo de vida de las fiestas, pero en cambio me acercó más. Ahora tenga en cuenta que Dios obra todas las cosas para su bien de acuerdo con su propósito. Recuerdo estar sentada en el borde de la cama cuando de repente sentí un deseo abrumador de ir a bailar salsa. Después de todo, no pensé que disfrutar del baile fuera malo, siempre y cuando lo hiciera sola. Lo había estado haciendo durante meses y el hecho de que quería agregar un poco de estilo latino era estimulante. Pregunté en mi trabajo porque había muchas latinas que trabajaban allí. Una vez que supe a dónde iríamos, convencí a mi hermana para que se uniera a mí. Ella realmente no estaba interesada pero fue de todos modos, solo para evitar que yo fuera sola.

Recuerdo el día con claridad. Ni siquiera sabía hablar español. Decidimos ir a este club llamado Junkanoos, en Fort Myers Beach. Jugamos al billar por un tiempo. Al menos, hasta que este tipo y su amigo vinieron a nuestra mesa. Cuando mis ojos se encontraron con los de él, aparté la mirada rápidamente, pero definitivamente noté que tenía unos jeans rotos y sueltos con una camisa ajustada que dejaba al descubierto su físico musculoso. No pude evitar notar sus ojos color miel y sus labios bronceados de un tono de piel naranja quemado. Era el hombre más guapo de toda Florida, de eso estaba segura, y sabía que estaba en problemas.

Entonces, le dije a mi hermana que teníamos que salir de allí, pero ella estaba lista para pelear y mantener su mesa de billar. Después de todo, esos eran sus aposentos. Me tomó un minuto pero me las arreglé para convencerla de lo contrario. Dejamos nuestra mesa de billar y subimos las escaleras. Ella se quedó conmigo todo el tiempo. No hubo actos de desaparición en este club, lo cual pensé que era algo bueno. Realmente nunca más pensé en él esa noche, pero tampoco lo sabía cada vez, desde esa noche en adelante, cuando fui a un club español, sin importar dónde fuera; Estero, Naples, Cape Coral o Fort Myers, él estaría allí.

El tipo que hizo que mi corazón se saltara un latido hizo

que las mariposas se movieran dentro de mi vientre estaba por todas partes. No quería sentir esos sentimientos. No quería un hombre en mi vida nunca más. Jesús fue mi principal apretón y así lo quise para siempre. Así que cada vez que lo veía me aseguraba de quedarme en lados opuestos del club hasta que nos íbamos.

No pasó mucho tiempo antes de que mi hermana se sintiera lo suficientemente cómoda como para empezar a desaparecer en mí de nuevo. Entonces, pasé la mayor parte de nuestras noches cazándola. Una noche, la estaba buscando y allí estaba él parado frente a mí. Me preguntó si quería un trago, claro, le dije ¡NO! Pero en el mismo respiro también dije: "Solo bebo agua". Él trajo el agua, me olvidé de mi hermana y bailamos el resto de la noche. La verdad es que este sería el hombre con el que me casaría, pero en ese momento no tenía ni idea. Él no hablaba inglés y yo no hablaba español, pero el amor es un idioma universal y eventualmente lo descubriríamos porque desde esa noche en adelante fuimos inseparables.

Encontré a mi hermana más tarde esa noche cuando salimos. Recuerdo salir del club e ir con Tino a su auto. Esa cosa era como una luz que atraía mis ojos. Era un desastre destartalado con llamas desvaídas por el sol pegadas a la capucha. Todo lo que estuve pensando todo el tiempo que estuvimos caminando hacia ese auto fue, "será mejor que ese no sea su auto". Pero, por supuesto, nuestro Dios tiene sentido del humor porque efectivamente ese Toyota Celica 1994 era su orgullo y alegría. Encontré a mi hermana en mi auto esperándome y todos salimos a desayunar y luego nos fuimos a casa.

Había decidido que era mejor para mí no preguntarle a Dios sobre esa relación porque temía que me dijera que tenía que dejarla. Por lo tanto, debido a que no le preguntaría a Dios directamente sobre mi nueva relación, Él me dio visiones. Una mañana estaba orando y me vi mirando a Jesús. Había luz a mi alrededor, pero mi enfoque revestido de hierro estaba en Cristo. Nada podría interponerse entre mí y mi enfoque en Él. En la visión, vi una figura a la derecha. Estaba lejos y, aunque no quitaba los ojos de Jesús, estaba consciente del movimiento de la persona hacia mí. Esta persona caminó directamente hacia mí, pero nunca me volví para mirarlo, solo me concentré en Cristo delante de mí.

La imagen del hombre se paró a mi lado y se giró para ver en qué estaba enfocada. Entonces el hombre se unió a mí y nos enfocamos juntos en Cristo.

Aunque Dios me había dado una visión, fracasé miserablemente en seguirla. Este nuevo hombre en mi vida, Tino, tuvo la mayor parte de mi atención. Quiero decir, él no tenía mi tiempo de oración de la mañana porque no vivíamos juntos, pero tenía todo mi tiempo libre. Pasé cuatro meses comprometiéndome con su estilo de vida. En noviembre, me uní a él. Empecé a beber y a divertirme de la misma forma que él. Mis razones para ir al club habían cambiado. Ya no fui a compartir a Jesús con un mundo quebrantado y agonizante y me encontré completamente enamorada de esta hermosa persona a mi lado. Estaba enamorada y lo supe en el momento en que compartió la historia de cuando era un niño en Honduras. Me dijo que creó muñecos de juguete con palos y naranjas y lo encontré encantador.

Fue amable y gentil. Ni una sola vez levantó la voz y abrió mis puertas todo el tiempo. Nunca me tocó de una manera degradante ni me trató como si fuera menos que él. Me hacía sentir amada, hermosa, y cuando estaba con él sentía como si me coronara como su reina, prestándome toda su atención. Nos reímos de las mismas cosas, aunque luchábamos por comunicarnos. Pasaron seis meses antes de que nos comunicamos bien, pero para mí valió la pena.

Durante ese tiempo, mi papá no quería nada más que preservar mi cristianismo. Me habían apartado para Jesús, no para un latino ilegal y sin papeles que intentaba convertirse en ciudadano, lo cual no era cierto. Ya tenía su tarjeta de residencia, pero mi papá estaba enojado. Acababa de presenciar cómo Dios me rescataba de una horrible relación abusiva. Él me acababa de ver viajar por el país y fue testigo de la asombrosa transformación que Dios había hecho dentro de mi corazón.

Una vez, cuando entramos en el camino de entrada, mi papá estaba sentado en su lugar favorito en el garaje con la puerta abierta. A estas alturas, sus problemas de espalda habían empeorado y estaba medio inclinado. Para él era lo suficientemente importante ponerse de pie y caminar hasta el jeep. Estaba medio inclinado llevando su Biblia con él. Lo sostuvo en el aire y le gritó a Tino. Él dijo: "¿Ves a esa chica de ahí? Ella es una niña de Jesús y puede que la tengas ahora, pero ella regresará ". Me señaló con su Biblia y dijo: "Ella ama a Jesús y se fue".

Era obvio que tenía que entrar y hablar con mi papá. Nos dijimos buenas noches y entré al apartamento. Mi papá me confrontó con lo que estaba haciendo. Nunca olvidaré lo que dije y lo que él me respondió. Le dije que así es "el mundo" y su única respuesta fue "exactamente". Le tomó algunos años comprender realmente la profundidad de lo que había dicho esa noche. Él estaba en lo correcto. Me estaba comportando como si el mundo se comportara, no como alguien que había sido transformado por el amor más asombroso jamás dado a la humanidad.

Esa noche, mi papá me advirtió que estaría embarazada en noviembre y, efectivamente, nueve meses después, en agosto de 2007, di a luz a una niña a la que llamamos Elisabeth Cheyanne. Elisabeth significa la promesa de Dios y Cheyanne significa dos naciones unidas. Dios me había dado su nombre de camino a un restaurante el día que le conté a mi hermana mayor sobre mi embarazo. Su nombre, "Cheyanne", estaba escrito en la acera con tiza en la acera frente a la puerta de entrada donde comimos. También lo vi cuando salimos de ese restaurante. Estaba escrito en la parte trasera de un camión dentro de un corazón. Estaba convencida de que "Cheyanne" era su nombre y mi esposo la llamó Elisabeth. Juntos, su nombre significa la promesa de Dios de unir naciones y eso era exactamente lo que ella era. Ella era una combinación de dos naciones unidas en la promesa del amor de Dios.

Sabía que los nombres eran importantes y ella era importante para mí, pero sucedieron muchas cosas en nueve meses. Dejé mi apartamento que compartía con mi papá. Tino y yo nos mudamos tres veces en esos meses, perdí mi trabajo, mi auto fue embargado, algo que nunca antes había experimentado. Tenía cuatro meses de embarazo cuando le dije a Tino que nunca volvería a un club. Fue difícil dejarlo tomar sus propias decisiones y lloré casi todos los días. Le había dado la opción de dejarnos. Le dije que no iría tras él por manutención de los hijos que mi Dios cuidaría de nosotros. Si él no quisiera a esta familia, estaría bien, pero ya no podría vivir de la forma en que vivíamos.

En esos días, yo era mi peor enemigo. Pasé mucho tiempo pensando que Dios estaba decepcionado de mí, que tal vez estaba enojado conmigo por las decisiones que había tomado. Pero mis pensamientos nunca se alinearon con Su palabra y las acciones de Dios solo me asfixiaron con amor aún más. En medio de mi lío, nunca dejé de orar, nunca dejé de leer Su Palabra y nunca dejé de adorarlo. De hecho, me hizo buscarlo más y aprendí que no había nada que pudiera hacer que me quitara lo que Jesús ya había hecho por mí.

Sin embargo, cuando estaba embarazada, estaba llena de condena. La verdad era que no necesitaba que nadie más me condenara, porque era bastante buena haciéndolo sola. A pesar de que estaba sufriendo por condenarme a mí misma, eso no me impidió alabar y adorar a Dios. Todos los días que Tino se iba al trabajo ponía mi música, bailaba y me frotaba la barriga alabando a Dios por este niño por nacer. No había sido feliz con un bebé dentro de mi útero durante años y eso me alegraba aún más. La verdad es que todos menos dos de mis embarazos pasados vinieron con sentimientos de fatalidad y desesperación porque sabía que tenían un solo destino; no tenían otra opción; vivieron y murieron dentro de mi líquido amniótico. Así que fue fácil enamorarse de la hermosa creación viviente de Dios dentro de mí. Me encantaba todo lo relacionado con estar embarazada. Era una mamá orgullosa y nadie podía quitarme eso. La amaba con cada gramo de mi ser y no me avergonzaba de ella, pero me avergonzaba enormemente de mis circunstancias.

Pero en lo único que podía pensar era en lo lejos que había caído. Quería convertirme en lo que Jesús quería que fuera, pero llegué un año después, en el estacionamiento de mi primera iglesia, como una madre soltera y embarazada. Fue extraño porque aunque estaba embarazada y me sentía mal por no estar casada, todavía amaba a mi hija y pensaba en su papá como si fuera el único hombre que había amado. La verdad es que él es el único hombre al que amé porque cuando lo conocí, Jesús me había sanado. No consiguió el yo disperso ni el yo roto. Obtuvo "el yo completo", el que estaba lleno de alegría, lleno de amor, lleno de autoestima y valor. Tino no tenía la capacidad de curarme porque mi integridad provenía directamente de mi relación con Jesús. Tino no podía "agregarme" cuando se trataba de mi valor o incluso mi felicidad, solo Jesús podía hacer eso. Por lo tanto, no había nada que Tino pudiera hacer para robarme, matarme o destruirme. En cambio, Dios me dio la gracia que necesitaba para ver lo mejor en él y mirar más allá de sus defectos hacia el futuro de todo su potencial.

Pasé mucho tiempo sintiéndome mal por no estar casada. Así que hice lo único que sabía hacer. Corrí a mi iglesia de Estero. Tenía algunas preguntas y necesitaba algunas respuestas. Cuando llegué a mi iglesia, salí de este viejo Toyota Celica 1994 destartalado. Sí, ese mismo coche que odiaba desesperadamente se convirtió en el único vehículo que teníamos durante unos tres años. No solo nos proporcionó transporte, sino que lo usé para ayudar a otros. Les decía constantemente: "Este coche funciona con fe y combustible". ¿No es propio de Dios hacerme agradecido por el auto que odié cuando lo vi por primera vez? ¡Es asombroso así!

Recuerdo haber hablado con la secretaria de la iglesia. Ella era de Carolina del Norte y pensé que era la mujer más hermosa y elegante que había conocido. Solía llamarla mi bella sureña; era deslumbrante, llena de gracia, respetuosa, educada, bien cuidada y su atractivo acento sureño me hizo sentir como en casa. Me quedé allí esperando a que me invitara a entrar y cuando lo hizo, mi corazón se derramó por ella. Le expliqué todo y luego me hizo una pregunta. La pregunta era "¿Lo amas como si fuera tu marido?" Dije: "Sí, lo veo como mi esposo porque es la primera persona que he amado desde un lugar de plenitud". Su respuesta no tuvo precio, dijo con el acento sureño más maravillosamente encantador: "Bueno, Jennifer, no creo que Adán y Eva tuvieran papeles de matrimonio. Creo que Dios es un Dios que conoce nuestros corazones y si él es tu esposo en tu corazón, entonces eso es entre tú y Dios ".

Esas palabras fueron las más dulces que jamás había escuchado. La facilidad con la que habló eliminó el peso de la condena de todo mi embarazo. En ese momento, me di cuenta de que aunque el embarazo era una consecuencia de mis acciones, no era una señal de deshonra. Mis consecuencias no tuvieron el poder de dictar la condenación en mi corazón. Mis circunstancias no eran mayores que la verdad de Dios y la verdad de Dios dice en Romanos 8: 1: "No hay condenación para los que pertenecen a

Cristo Jesús". A estas alturas, si sabía algo, sabía que pertenecía a Cristo Jesús y no había nada que pudiera hacer para cambiar eso. Mi Dios me conocía y yo le conocía; Él conocía mi corazón y eso era lo suficientemente bueno para mí.

Salí de la iglesia llena de celo y comencé un nuevo proyecto. Era famoso por nuevos proyectos. Constantemente, comenzando pero rara vez terminando, pero esta vez había encontrado una nueva determinación. La puerta del horno ardiente de la condenación se había abierto y yo salía de él sin ni siquiera oliendo a llamas. Tenía la determinación de compartir con el mundo la belleza de mi embarazo y el dolor que me había causado el aborto. Pasé los últimos meses de mi embarazo haciendo precisamente eso. Creé un folleto, lo imprimí y lo cargué en discos. Luego fui a todas las iglesias que conocía y les dejé una copia del folleto y el disco en caso de que quisieran compartirlo con su grupo de jóvenes. No sé si alguien lo hizo alguna vez, pero lo que sí sé es que ya no llevo la condena conmigo. Finalmente fui libre de mantener mi cabeza en alto, embarazada y todo, permitiendo que Su gloria brille a través de mí.

Ya no pasé los días antes de que naciera nuestra hija llorando, rogando a Dios que me perdonara. Ahora sabía que Su fidelidad para perdonarme había venido de la cruz. No tuve que ganarlo. Ya era mía. En cambio, pasé esos días compartiendo el mensaje que Él puso dentro de mi corazón y alabando Su hermoso nombre. Estaba eufórica cuando llegó el momento de dar a luz a nuestra hermosa niña. El médico me había programado para inducir el parto y era hora de irme. Había pasado nueve meses viendo crecer mi barriga. La amé en el momento en que supe que estaba allí dentro de mí. Cuando escuché su corazón latir por primera vez, lloré. Lloré porque sabía que llevaba una pequeña alma dentro de mí. Me cambió y estaba muy agradecida por lo lejos que me había llevado Dios. La verdad es que ni siquiera sabía lo que me había perdido, hasta que tuve la oportunidad de "sentirlo" por mí misma.

Ese día mi hermana nos recibió en el hospital. La quería conmigo durante este tiempo increíble. Poco después de nuestra llegada, nació Elisabeth Cheyanne. Nunca me había sentido más conectada con otro ser humano en toda mi vida y, por primera vez, comprendí el dolor detrás de la verdad ineludible del aborto. Los gritos que lloré, desde la mesa de cada abortista, provienen del abismo sin fondo del amor de una madre. Un amor que nunca antes había experimentado, ni de mi madre ni de ningún otro nacimiento de un hijo. Esto no quiere decir que no amaba a mis otros dos hijos, porque los amaba. Los amaba de la mejor manera que sabía, pero los amaba desde un lugar muy roto; un lugar que nunca había experimentado lo que era estar conectado con otro ser humano. Pasé mi vida desconectada y consumida por mi propio dolor. No tuve la capacidad de amarlos de la forma en que merecían ser amados, hasta ahora. Lloré por cada bebé que había sido arrancado de mi útero, lloré por el niño que di en adopción y lloré por mi hijo, el que recibió a la mamá de fin de semana / vacaciones.

Lloré por todo lo que se había perdido, pero también lloré por lo que había ganado con el nacimiento de mi primogénito; después de nacer de nuevo yo misma. Me había sanado. Entendí lo que era el amor. No hay amor más grande que el amor que encontré en la plenitud de Cristo dando su vida por la mía. Él entregó Su vida por la esperanza de que yo pudiera llegar a conocer ese mismo tipo de amor y aquí estaba yo mirándola en mis brazos, comprendiendo la plenitud de Su amor por nosotros.

No podría amarla más porque fui hecho para amar a través de Cristo. Me sentí abrumada por la inmensa alegría que llenó mi corazón. Mi pequeña, mi Cheyanne, nuestra hija juntas, Tino se inclinó sobre mí para tomar su manita, y una lágrima cayó de su ojo cuando la levantó de mis brazos. La levantó al cielo. Allí mismo, en medio de todos, Tino dedicó a Cheyanne a Dios y le prometió que sería fiel a Dios mientras la criaba en su amor.

Cuando salimos del hospital, ninguno de nosotros lo sabía, la batalla acababa de comenzar. La guerra se había librado y solo el tiempo podía decir el resultado. Después de su nacimiento, regresé al hospital para operarme y sufrí una hemorragia durante la primera semana. El tiempo de Dios es impecable porque mi hermana y su esposo estaban en un atracón de sobriedad y habían estado sobrios durante unos meses. Fue el momento perfecto porque pudo ayudarnos con Cheyanne mientras yo estaba hospitalizada y Tino trabajaba.

Tino siguió luchando, incluso después del nacimiento de nuestra hija, luchó consigo mismo y con Dios. No estaba seguro de muchas cosas, una de ellas era casarse conmigo. No sabía si Jesús aprobaría que se casara conmigo ya que había pasado por un divorcio. De hecho, no estaba seguro de que Jesús lo aprobara en absoluto por todo lo que estaba haciendo. La intensidad de la guerra entre su carne y su espíritu le hizo dudar, pero Dios permaneció fiel a pesar de todo.

Como testigo, sabía que había muchas cosas que Dios habló en la vida de Tino mucho antes de que fuera mi esposo y que había muchas cosas que aún tenía que decir. Tino me contó de una visión que tuvo una vez cuando vivía en Texas de una niña de cabello claro, escondida en un sótano lleno de tumbas. No se dio cuenta de lo que estaba viendo hasta que tuve la capacidad de compartir mi testimonio con él. Cuando se enteró de los abortos que tuve, comprendió su visión. Dios había ido antes que yo para preparar su corazón para que me aceptara tal como era. En ese momento, Dios le reveló que era a mí a quien veía en la visión. Tino entendió que fue Dios quien plantó la semilla de la compasión, por la niña en el sótano con las tumbas, dentro de su corazón.

Dios tiene una forma de ser fiel a sus planes, incluso si los desconocemos por completo. Ninguno de los dos lo sabía, fue Dios quien nos trasladó de nuestros estados a Florida aproximadamente al mismo tiempo. Cuando nos conocimos, hubo una conexión instantánea, y ambos sabíamos que no teníamos planes de estar con nadie más, pero tomó un tiempo empujar el mundo entre nosotros dos. El mundo había cautivado el alma de Tino, pero su corazón permanecía con Dios. No estaba feliz en el mundo. Anhelaba algo más. Quería a su familia, pero luchó con su carne.

Pero él no era el único que estaba luchando, recuerdo que salimos en un bote con mi hermana después del nacimiento de nuestra hija Cheyanne. Me emborraché con el alcohol, pero me emborraché porque estaba triste. Estaba triste por algunas razones. Pensé que "si no puedes vencerlos, también podrías unirte a ellos", pero me dolió el alma. Déjame explicarte por qué. Me había acostumbrado a que mi hermana estuviera sobria y disfrutaba de nuestra relación, pero empezó a beber de nuevo y sentí que la había perdido. Estaba enojada con Dios. Sabía que lo usaba para ponerse sobrio y sentí que había desechado a Dios cuando terminó. La palabra clave es "yo" porque ahora sé que ella tiene su propia relación personal con nuestro Padre, y Él es lo suficientemente grande para manejar toda nuestra humanidad.

Incluyendo el mío; Apenas puedo creer que sacudí mi puño al cielo y dije: "¿Cómo puedes dejar que ella te use así?" Su respuesta fue rápida. Me puso en mi lugar diciendo: "El gran" YO SOY "es un Dios utilizable y cuando mis hijos me llaman, les respondo". Por supuesto, retrocedí por dentro. Su voz me hizo sentir pequeña, pero al mismo tiempo me elevó a un nivel superior de comprensión. Le pedí perdón, pero no me quitó el sentimiento de pérdida. Otra razón para "unirme a ellos" fue que me sentí frustrada por Tino. Pensé con certeza que después del nacimiento de Cheyanne dejaría de beber y bailar, pero no lo hizo. Gastó el dinero que teníamos en lo que quería y no en lo que necesitábamos. Sabía que no iba a cambiar y ahora teníamos una hija juntos. No quería perder a mi familia, pero también sabía que no podíamos seguir como estábamos.

Más tarde esa noche, regresamos de navegar. Mi sobrina estaba cuidando a Cheyanne. Estaba agradecida por eso porque estaba muy enferma. Estuve enferma toda la noche. Recuerdo estar sentado en el borde de su cama plegable y orar para que se fuera. Dios habló a mi corazón. Pensar que Él estaba especialmente atento a mí incluso en medio de mi lío es a veces increíble. Me dijo que me mirara y me preguntó si así era como quería vivir el resto de mi vida. Me asustó sobrio. Su voz tiende a eso. Tenía la capacidad de surgir de las profundidades de mi alma. En un suave susurro que siempre es lo suficientemente fuerte como para penetrar en la oscuridad y aturdirme en obediencia. No como un tipo de obediencia de "Te voy a azotar por obediencia", sino más bien como un tipo de obediencia de "si esto es lo que realmente quieres, estoy a punto de dejarte tener". En ese momento tomé la decisión de que no había forma de que volviera a beber. No quería vivir de esa manera.

Me desperté más tarde ese día sabiendo que algo tenía que cambiar. Entonces, le dije a Dios que estaba lista para lo que Él quisiera hacer. No pasó mucho tiempo después de que Dios me pidió que dejara a Tino. Lloré. Estaba devastada, pero empaqué mis cosas y me mudé con una amiga y su madre. Sabía que era Dios quien me había dotado de gracia y me había dado la fuerza para tomar la mejor decisión para mi hija y para mí. Tuve que alejarme. Tuve que dejar que Dios se ocupara de Tino por su cuenta; sin "mi" intervención. La verdad era que el único curso de acción que sabía tomar era "golpearlo en la cabeza con la Biblia" y eso claramente no estaba funcionando. Tuve que dejar que Dios le revelara la verdad detrás de las decisiones que estaba tomando en su vida y cómo podían destruir su futuro.

Era cierto que estaba luchando contra el deseo de tener todo lo que el mundo dice que es bueno, como el alcohol. Por loco que parezca, ninguna de sus acciones me impidió creer en el hombre que sabía que podía ser. Sabía que amaba a Jesús. Lo expresó no solo en sus palabras, sino también en sus acciones hacia mí. Quiero decir, una de nuestras primeras citas fue en la que estábamos sentados en las rocas junto al río, mientras él rasgueaba su guitarra y cantábamos la canción universal, "Hallelujah". Sabía que Tino amaba a Jesús, pero no sabía cómo traerlo de regreso a Jesús. No podía obligar a Tino a permitir que Jesús reinara sobre su vida nuevamente, pero eso nunca me impidió intentarlo y fracasar miserablemente. Sabía por qué tenía que irme y creo que tenía más que ver conmigo que con él.

No tenía trabajo. No tenía dinero, pero Él me abrió una salida. Si hay algo que he aprendido, es que cuando Dios te pide que hagas algo, siempre te proporciona una forma. Es nuestro trabajo conocerlo, de modo que cuando Él nos guía, lo sigamos y, la verdad, Él se nos da a conocer. Nunca es un juego de adivinanzas. Dios es muy claro y la única boca que necesita es un corazón dispuesto. Mientras estuve con mi amiga y su madre, nos hicimos muy cercanas. Estaba agradecida de que su madre amaba a Jesús, como yo. Pasamos mucho tiempo juntas estudiando la palabra, orando y ayunando en los días y meses siguientes. Había recibido instrucciones claras de Dios. Solo iba a ir con Tino cuando me invitó a ir a la iglesia.

Estaba emocionada de compartir con Tino lo que había aprendido recientemente de mi padre. Le dije que mi iglesia en Estero ahora tenía un servicio en español, pero pasaron semanas antes de que él nos invitara y cuando lo hizo, dije que no. Dije que no, porque para entonces mis amigas me habían convencido de que no volviera a estar con él. Estaba claramente dividida, porque quería que mi unidad familiar estuviera unida. No quería que mi bebé viniera de un hogar roto. Quería lo mejor para ella. Nunca quise que ella sufriera como yo. Quería que ella tuviera a su papá y quería que fuéramos una familia. La verdad es que me habían ayudado mucho y sentía que les debía de alguna manera. No porque me hicieran sentir así, no lo hicieron. Fue mi propia lucha interna. En otras palabras, me costó mucho tratar de complacer a todos. De hecho, Tino me dijo que se iba de Florida antes de que yo cambiara mis caminos y me volviera obediente a la dirección de Dios. Cuando dijo que se iba, todo lo que podía escuchar en mi cabeza era lo que Dios me había pedido que hiciera, y supe que no lo había estado haciendo. También sabía que había una buena posibilidad de que estuviera a punto de perder a mi familia y todo por lo que había orado, todo porque quería complacer a todos.

Le pregunté por qué quería irse. Dijo que era porque había perdido lo importante. Después de esa conversación, le rogué a

Dios por otra oportunidad. Le prometí a Dios que lo obedecería, por encima de mis amigos, incluso si eso significaba que los perdería y un lugar donde quedarme. La verdad era que mi Padre Celestial quería que mi familia estuviera unida. Quería darme el deseo de mi corazón y casi lo pierdo. Casi lo pierdo porque estaba demasiada preocupada por alguien más y lo que pensaban. Una vez más, me encontré pidiendo perdón a Dios. Oré por otra oportunidad de decir que sí a Sus instrucciones y no a quienes me rodeaban, y Él fue fiel en dármelas. Dios me escuchó y respondió a mis oraciones. Sé que Él es el fiel, no yo. Él fue quien impulsó a Tino a intentarlo por última vez y cuando volvió a llamar, dije que sí.

Y cuando dije que sí, entendí que estaba apoyando las promesas de Dios. Sabía que si lo obedecía, Él lo arreglaría todo para nuestro bien. Sabía que aunque antes había sido infiel al seguir Sus instrucciones, nunca estaba fuera de Su alcance. Nunca me perdió de vista. Él estaría conmigo a través de todo. Sabía que no tenía todas las respuestas, pero conocía al que sí las tenía. Es Él quien es fiel para enseñarme en todos los sentidos, sin importar el camino que tome y sabía que el Espíritu Santo era lo suficientemente fuerte como para ayudarnos a manejar nuestras dificultades. Sabía que nunca se alejaría a la primera señal de nuestros problemas.

Entendí que si moría con Él, también viviría con Él. En otras palabras, si puedo aprender a perderme de vista y morir diariamente a lo que pienso, siento y deseo, y sigo Sus instrucciones, entonces realmente viviré. Experimentaré la vida abundante que me ha prometido. Si soporto el proceso de dejarme ir, entonces reinaré con Él, podré participar de Su gloria, pero si elijo no dejar que Él me guíe, por lo tanto, negarlo, entonces también estoy negando la posibilidad de que todos los Sus promesas de reinar en mi vida. Si pudiera aprender a hacer todo esto, entonces nuestra familia tendría una oportunidad, una oportunidad para una esperanza y un futuro juntos en Cristo porque es Él quien es el redentor y el restaurador de la vida. Sabía que Él sería fiel a mi esposo para ayudarlo a encontrar su camino y sabía que Él me sería fiel, para ayudarme a encontrar el mío.

El Viaje de Algo Brillante

Capítulo Doce:
Estoy Perdonada

El Viaje de Algo Brillante

Después de decir que sí para ir a la iglesia con Tino, hubo un poco de tensión en el hogar. No estoy segura si venía de mí o de mis amigas, pero sabía que la gracia que tenía para quedarme se había ido y que tendría que mudarme. La verdad es que Tino estaba listo para que volviéramos. Me había estado pidiendo por algunas semanas, pero le dije que primero tenía que casarse conmigo. Hablamos con el pastor de nuestra pequeña iglesia española quien nos dio cien dólares para pagar el costo de casarnos. Arrastré a Tino a la corte con el bebé Cheyanne a cuestas, dijimos nuestros votos, firmamos el papeleo y regresamos a casa.

El día que llegamos a nuestro pequeño tráiler estuvo lleno de alegría pero también fue duro. Lloré durante una semana por el estado en que estaba. Fue horrible. Los pisos se estaban derrumbando; Podía ver el suelo afuera de la ducha. El fregadero de la cocina estaba en una caja vieja hecha de madera contrachapada que fue devorada por las termitas y había agujeros en la parte inferior de las paredes con forma de casas para ratones. Por la noche, las termitas pululaban dentro del remolque, se les caían las alas y se arrastraban donde quiera que caían. Me sentí aliviada de tener un mosquitero para cubrirnos cuando dormíamos. Así que sí, lloré durante una semana, y luego me puse mis pantalones de niña grande y comencé a hacer lo mejor con lo que tenía.

También seguimos yendo a la iglesia junto con el bebé Cheyanne. Este sería el mismo lugar donde aprendería una de las mayores lecciones de mi fe, pero también era el lugar donde mi esposo Tino y yo serviríamos, adoraríamos y creceríamos juntos. Los servicios en español se llevaban a cabo dentro de la iglesia bautista por las noches cuando no tenían servicio. Estaba agradecida de que Dios nos había dado un lugar para crecer, pero no sabía suficiente español para entender las enseñanzas a fondo, así que pasaba las noches leyendo las Escrituras que ellos leían y tomando notas de las mías. Cuanto más tiempo pasábamos en la iglesia, más entendía el idioma y más quería compartir lo que Dios me estaba mostrando.

Estaba tan desesperada por que alguien escuchara la belleza que estaba descubriendo en las Escrituras que me encontré más como un perro "Jack Russell" brincando alrededor de su dueño pidiendo atención. Por supuesto, puedo ver eso ahora, pero entonces estaba emocionada y llena de celo por mi Salvador. Estaba decidida a compartir con ellos lo que Dios estaba compartiendo conmigo, pero sobre todo creo que pude haber minado a la esposa del pastor sin querer. En ese momento, no tenía idea de la importancia de la "posición" en la iglesia. Como el nombre de quién fue dónde y quién fue responsable de qué. No tenía antecedentes, así que, ¿cómo demonios iba a saber que existía esta cadena de mando "tácita"?

Solo quería ayudar a la gente y quería ayudar a la iglesia. Entonces, me ofrecí como voluntaria. Me ofrecí para ser la secretaria, aunque todavía estábamos confiando en la fe y en los humos, sabía que Dios proporcionaría el dinero para que la gasolina pudiera ir y venir. Me permitieron tomar ese puesto porque necesitaban ayuda para solicitar su 501c3, que es el estado financiero que el IRS necesitaba para ser una iglesia oficial. Les permitió aceptar donaciones y no pagar impuestos, entre otras cosas.

Hice mi investigación, escribí el plan para cumplir con los criterios requeridos por el IRS, creé sus estatutos, los incorporé y abrí la cuenta bancaria para la iglesia. Tardaron varios meses en terminar. Al mismo tiempo, estábamos aprendiendo en la iglesia. Aprendí sobre todo acerca de la guerra espiritual. Aparentemente, eso fue algo muy importante. No había escuchado mucho sobre posesión demoníaca y liberación en toda mi vida. Supongo que eso es en lo que se enfocaron principalmente. No estoy segura porque no entendí todo lo que decían. Simplemente mantuve mi cabeza en la Biblia, estudié mientras estaba en la iglesia y oré con la iglesia.

Me hicieron sentir como si fuéramos parte de una familia y deseaba desesperadamente ser aceptada por ellos. Recolectaron las donaciones prometidas y me hicieron responsable de esas donaciones. Tuvimos reuniones mensuales y pasamos mucho tiempo discutiendo sobre si la iglesia debería suministrar botellas de agua o no. A veces, se volvía molesto, pero estaba feliz de haber sido nombrada "directora" en la iglesia, no es que realmente entendiera lo que era, pero lo era.

Como directora, había ido a ver a la esposa del pastor y

hablé con ella sobre una conferencia que sentí que Dios había puesto en mi corazón. Iba a llamarse "la invitación". Quería que se organizara como una boda. En ese momento, tenía un trabajo como diseñadora de bodas para una empresa local. No teníamos mucho dinero, pero el diseñador de bodas prometió hacer las flores gratis. La esposa del pastor acordó invitar a algunas de las personas de otras iglesias que visitamos, lo cual fue algo muy importante en la comunidad española. Era normal visitar otras iglesias en eventos especiales como cuando llegaba un "beneficio" a la ciudad o encuentros. Un encuentro fue como una conferencia pero duró tres días. No hubo contacto del mundo exterior y no se permitieron teléfonos celulares. Nunca antes había visto algo así. Antes de la iglesia española, lo único en lo que había estado era en un estudio bíblico, una cena, tal vez una barbacoa o una venta de garaje en la iglesia, pero nada como un Encuentro.

El primer encuentro al que asistí fue organizado por una iglesia llamada Ministerio De Banderas De Cristo, mi esposo amaba esa iglesia y ese encuentro marcó una gran diferencia en nuestra vida. Fue el lugar donde me lavaron los pies y me hicieron sentir aceptada. Era el lugar donde bailaba para alabar y adorar la música sin tener en cuenta a los que me rodeaban. Bailé como si estuviera bailando con mi Rey en lugares celestiales. Pasamos tres días juntos, mi esposo y yo, reavivaron nuestro amor por Jesús y encendieron la llama dentro de nuestros corazones para servir como Uno, juntos ante Cristo. Fue hermoso y nunca pude quitar lo que ganamos durante esos tres días. Pero no todos los encuentros son iguales ni tampoco todas las iglesias.

En el momento en que me acerqué a la esposa del pastor, no estaba pidiendo ser anfitrión de un encuentro. Solo quería ser el anfitrión de esta pequeña conferencia para doscientas personas que duró solo unas pocas horas un sábado por la tarde. Compartí todo lo que había hecho y ella pareció aceptarlo y quiso ayudarme con las invitaciones. Había pasado varios meses preparándome. Con el poco dinero que tenía para imprimir folletos, entradas y desarrollar el material para la conferencia. El día del evento supe que la esposa del pastor no hizo lo que me dijo que haría. Ella no invitó a nadie. El diseñador de bodas entregó las flores. Parecían sobras de una boda de una semana. Nada iba como lo había planeado. Había invertido tanto tiempo en esta conferencia y pensé que tenía el apoyo de quienes me estaban ayudando.

Fui al frente de la iglesia y me acosté en los escalones del altar. El mismo altar en el que había dado mi testimonio después de mi bautismo y lloré. Mi amiga se acercó al altar y puso la Biblia frente a mí. Abierto a esta escritura; "Aunque no haya ovejas en el redil ni ganado en los establos, sin embargo, me regocijaré en el Señor, estaré gozoso en Dios mi Salvador" Habacuc 3: 17-18. Leí esas palabras, miré hacia arriba y allí estaba ella. Mi amiga, ella fue quien me dio toda esa ropa para Cheyanne. La misma persona que, sin dudarlo, se sentaría en cuclillas conmigo, en el medio del piso de una tienda departamental, para compartir Su Palabra. Ella me conocía antes de quedar embarazada, cuando me enamoré de Jesús por primera vez, no importaba a dónde fuera, estaba lista para compartir y ahora ella estaba compartiendo conmigo. Me puse de pie, me di la vuelta y me sorprendieron todos los que se presentaron a pesar de todo. Una por una, todas las personas a las que había saltado como un "Jack Russell" llenaron los bancos. Todos los que venían a mi casa a tomar un café y estudiar conmigo estaban allí. Cada persona a la que le hablé de la vida llenó esos bancos. No había cerca de doscientas personas, pero todas las personas que se suponía que debían estar allí se presentaron. Estaban allí para apoyarme y, aunque nunca sabré si algo de lo que compartí les ayudó. Sé una cosa, la Palabra de Dios nunca volverá vacía y confío y creo en eso.

Después de que terminó, la esposa del pastor se me acercó. Ella me dijo que necesitaba aprender una lección. Necesitaba aprender que no puedo hacer nada por mí misma. No era mi lugar. En otras palabras, había traspasado algún límite invisible del que no era consciente. En el momento, todo lo que podía pensar era lo terrible que me sentía. Yo confiaba en ella. No fue el hecho de que me traicionara, sino que lo hizo a propósito. Me dolió, pero no tenía idea de adónde llevaría esto eventualmente.

La esposa del pastor era mi líder. La acepté así, pero hay pocas cosas que creo que necesito explicar antes de continuar. La iglesia a la que asistimos Tino y yo estaba ubicada en la iglesia bautista de Estero, pero no era parte de esa iglesia. La iglesia en la que estábamos, asistió a los Encuentros organizados por el

Ministerio de Banderas de Cristo, y afirmó estar bajo su paraguas de cobertura espiritual, pero no fue así. Era una iglesia pequeña con líderes que no respondían a nadie más que a ellos mismos. En ese momento, no entendí nada; Simplemente acepté todo lo que me dijeron como "evangelio". A menudo pensé que debían saber más, son los líderes de la iglesia. Quiero decir, se nos dijo, más veces de las que puedo contar, la obediencia trae bendiciones y el Señor sabía que necesitábamos Sus bendiciones. Entonces, nos convertimos en sus pequeños seguidores obedientes. Ayunábamos cuando nos decían, les dábamos dinero cuando nos pedían, y cuando decían que era hora de ir a un encuentro, fuimos.

Al final, debido a que no tenía la capacidad de callar, llegó el momento en que el pastor de Ministerios de Banderas de Cristo me invitó a hablar en el próximo encuentro. No fue mi primera vez. Cada vez que alguien me entregaba el micrófono iba a ser un minuto, porque tenía cosas que decir. No había nada que me produjera más gozo que compartir lo que Jesús había hecho por mí y dejar que todos supieran, lo que hizo por mí, lo hará por cualquiera que esté dispuesto.

Me paré frente a unos cientos de personas y compartí lo que Dios había hecho dentro de mí. Fue increíble. Debo orar por ellos. Baila con ellos. Llegué a amarlos y, hasta el momento, no había nada más grande que ese momento, pero cuando llegué a casa tuve una sensación de miedo abrumadora. No lo entendí, así que puse música de alabanza y adoración y me negué a apagarla. Al día siguiente pensé que era una buena idea contactar a la esposa del pastor. Después de todo, ella era mi líder. Le hice saber lo que estaba pasando y me dijo que se pondría en contacto conmigo.

Fue entonces cuando, por primera vez, la confusión entró en mi caminar con Cristo. La había invitado a una posición de autoridad sobre mí sin siquiera darme cuenta. Busqué su consejo antes de buscar el de Dios. En ese momento, pensé que ella sabía más que yo porque sabía cómo lidiar con este asunto del "demonio". Le tomó una semana destruir mi testimonio. En una semana, había convencido a todos los que conocía de que estaba poseído por veintitrés demonios. Todo lo cual se había apoderado de mí a través de mi pasado. Cada abuso infantil que había sufrido me había abierto una puerta a mi vida actual. En una semana, había tirado de una manera cada artículo que estaba en mi pequeño remolque que sentía que estaba poseído por demonios. Cada pieza de ropa que vino de Good-will (que es donde compraba principalmente). Cada joya que tenía de mi pasado. Todo lo que tenía valor se había ido y todo lo que parecía bonito se tiraba a la basura. Todo estaba poseído. En ese momento, realmente no lo sabía y pensé: "Bueno, si está poseído, no lo quiero de todos modos". Si tenía un demonio, tíralo. Al final, nada de eso ayudó porque, según ellos, nunca podría estar limpio, yo era la poseída.

Estaba completamente confundida; no tenía sentido para mí porque todo lo que había estudiado me decía que TODAS las cosas habían pasado y TODAS las cosas se habían hecho nuevas. No de acuerdo con la esposa del pastor, quien aparentemente ahora estaba dirigiendo a la iglesia a reprender a los demonios, y se había convertido en la autoridad principal. Me dijeron que no podía hablar con nadie porque podría transmitirles mis demonios y ellos no podrían hablarme. A toda la iglesia se le dijo que hablara en lenguas cuando yo hablara para protegerse de los demonios que estaba esparciendo. No hace falta decir que obedecí porque la obediencia trae bendiciones. Estaba sentada en la parte de atrás de la iglesia y no podía participar con los demás. Mi corazón estaba roto.

Aparentemente, mi esposo necesitaba un descanso porque de repente decidió que íbamos a hacer un viaje a Texas. Mi hermana mayor había dejado Florida recientemente y se mudó allí, así que quería verla de todos modos. La esposa del pastor me aconsejó que no fuera, pero mi esposo usó su autoridad y le dijo que me iba, lo cual me complació en complacer. Cuando llegamos, la iglesia de la hermana de Tino me invitó a compartir mi testimonio. Llamé a la esposa del pastor y le pregunté si estaba bien, ella me dijo que no. En ese momento, estaba realmente confundida; mi escepticismo había crecido a pasos agigantados porque todo el tiempo he estado estudiando la palabra y lo que Dios dice de mí. La iglesia me había rechazado y expulsado, no se me permitió participar con otros, así que solo había un lugar donde estaba obteniendo mi verdad. Ya no escuché a la iglesia. Estaba leyendo la Palabra y todo lo que ella decía contradecía lo que Jesús me estaba mostrando. ¿Cómo no compartir lo que Jesús había hecho en mi vida?

Compartí con mi hermana lo que me había pasado. No podía creerlo y estaba muy arrepentida por todo lo que había pasado. Ella me dijo que nunca permitiera que nadie me impidiera compartir mi Jesús. Entonces eso es lo que hice. Fui a la iglesia e hice exactamente lo que más me llenó el corazón de gozo. Compartí mi Jesús y, cuando terminé, la hermana de Tino me dijo que donde quiera que vaya, Dios me abrirá las puertas. Esa noche aprendí una valiosa lección. Me acordé de la vez que mi lengua se había hinchado, y el Espíritu Santo me reveló que buscara a alguien con quien compartir a Jesús, y cuando lo hice, se fue. En ese momento, acababa de compartir mi Jesús con un grupo de personas y no tenía absolutamente ningún miedo porque esto es lo que sabía; las escrituras dicen: "El amor perfecto echa fuera todo temor" 1 Juan 4:18.

Ya no tenía miedo. Sabía quién era mi Jesús y nadie iba a cambiar la verdad del evangelio que me había liberado. Si tuviera miedo, confiaría en Dios que me cuida, Aquel que dice que los justos no serán conmovidos. No iba a ser sacudida por la única verdad que alguna vez me liberó. Los grilletes de mi pasado habían sido quitados, tratados por la cruz. Ya no estaba encadenada y cuando la Palabra me dice que he sido liberada, lo creo. Solo había un problema, el enemigo necesitaba que me callara. Mi fe estaba sacudiendo el suelo sobre el que estaba parada y esto no era un problema para mí, porque una vez más la VERDAD me había liberado.

La Palabra me ha dicho, una y otra vez, que hay una verdad del evangelio. Me he desposado con un esposo, prometido a un salvador, y soy una virgen pura presentada a Cristo. La virgen de Una Palabra, la Palabra que no contradice el evangelio que he recibido, el evangelio que me ha sido enseñado por Su palabra en una relación personal con Él. He recibido un solo Espíritu; el Espíritu Santo, no el espíritu de algún evangelio que me mantiene encadenada a un pasado que ha sido clavado en la cruz. En las Escrituras, Pablo me advierte sobre el potencial de aceptar un evangelio diferente, me advierte de ser descarriada por otro evangelio, diferente del que yo sé que es verdadero. Las escrituras me dicen en 2 Corintios 11: 4 porque [pareces estar dispuesto a permitirlo] si uno viene a ti y predica un Jesús que no sea el Jesús que predicamos, o si recibes un espíritu diferente del Espíritu que recibiste, o un un evangelio diferente al que aceptaste, tolera todo esto maravillosamente [acoger el engaño]. La parte interesante de ser engañado es que no sabes que estás siendo engañado. Estaba en la iglesia. Tenía un corazón puro. Me cautivó la astuta lengua de la Palabra de Dios que se usaba para manipular a su pueblo. Sin darme cuenta, me estaba alejando de la sencillez de mi sincera y pura devoción a Cristo. Esto me pasó a mí, me habían compartido un evangelio diferente y sucedió en la iglesia, pero ya no tenía poder sobre mí.

A nuestro regreso a casa, la esposa del pastor me llamó y me invitó a otro encuentro, pero este encuentro fue con una iglesia diferente. Colgué el teléfono con ella y oré. Le dije a Dios que quería ir con ella, pero quería que Él me mostrara la Verdad, Su Verdad, tal como Él la veía. La llamé para decirle que me iba. Luego me informó que hiciera las maletas que nos iríamos al día siguiente.

Estuve fuera tres días pero voy a resumir estos tres días en las lecciones que Dios compartió conmigo allí. La primera lección que encontré fue en la primera sesión del encuentro.

Probablemente había unas cincuenta personas en este viaje, tal vez más. Estábamos hacinados en una pequeña habitación. La señora del frente pasó cuarenta y cinco minutos hablando del dolor de su infancia y unos cinco minutos sobre Jesús. Luego les indicó a todos que se arrodillaran y reprendieran a los demonios de su infancia. Obedecí tanto como pude. Me arrodillé; Levanté las manos y comencé a alabar a Dios por todo aquello de lo que me había rescatado. No era ruidoso ni perturbador; En silencio alabé a Jesús por hacerme nueva cuando el líder de la conferencia se acercó a mí. Ella me preguntó qué estaba haciendo. Le dije y ella me dijo: "Ahora no es el momento de alabar a Dios, ahora es el momento de reprender a los demonios". Inmediatamente, lo que sentí en mi corazón fue que nunca encontraré un lugar en la Palabra de Dios que me diga que los demonios tienen una posición por encima de mi Padre Celestial. Sabía que tenía la autoridad para alabar a Dios en TODO momento. Seguí alabando a Dios hasta que terminaron.

Regresé a mi litera marcada con una "X". Fui elegida oficialmente como una poseída demoníaca durante los siguientes tres días. Lejos de todos los que me amaban, sin teléfono y sin forma de irme, estaba atascada pero no sola. Dios estuvo conmigo todo el tiempo. Me guió y me instruyó durante los siguientes tres días. No siempre entendí la profundidad de lo que Él me hizo hacer, pero fui obediente a Él y no a ellos. Una vez, nos hicieron pasar al frente para sacudir una canasta sobre nuestra cabeza que debía representar las bendiciones que recibí en este encuentro, pero lo que Dios me hizo hacer fue sacudir la canasta sobre la cabeza del líder de la conferencia. Cuando lo hice, ella dijo: "Vaya, recibiré tus bendiciones". Y pensé: "Puedes tener TODO lo que proviene de este encuentro, pero nunca puedes tomar lo que mi Padre me ha dado". En otra ocasión, me rodearon de espaldas a mí mientras cantaban y bailaban la canción "Get Behind Me Satan", como si yo fuera él. También llegué a dar una ofrenda; Dios me dio las escrituras perfectas mientras estaba sentada esperando mi turno. Escribí en una nota estas palabras de Juan 18:23: "Si he dicho algo incorrecto, haz una declaración formal sobre el error, pero si hablé correctamente, ¿por qué me golpeas?"

Mientras estuve allí, nunca dejé de compartir la bondad de Dios, mi testimonio o acerca de mi asombroso Jesús. Simplemente no podía quedarme callada, pero al mismo tiempo no era disruptivo ni irrespetuoso. No quiero participar en la destrucción de ninguna medida de fe en el cuerpo de Cristo porque lo amo. No iba a ser utilizada como herramienta para aplastar el corazón de nadie más. Eso no quiere decir que fue fácil porque hubo momentos durante esos tres días en que llegó a ser insoportable. La verdad es que Dios usa a las personas; todo tipo de personas, de todo tipo de estilos y estilos de vida diferentes, y en todo tipo de situaciones. La verdad es que no importa a qué iglesia vayas, si Dios quiere usarte, lo hará. Al igual que las pocas personas que solía animarme durante los momentos más difíciles de esos tres días. Incluso pude escabullirme del grupo y estar solo por un minuto, y lo necesitaba. De camino al desayuno, pude deslizarme detrás del edificio y sentarme con mi padre. Necesitaba su amor. Necesitaba sentir su amor. Me habían rechazado, expulsado, , y todo porque amaba a Jesús. Todo porque defendí la única verdad que conocía y me negué a aceptar un evangelio diferente.

No podía esperar a subirme a ese autobús e irme a casa. Mientras conducíamos por la carretera, una joven madre se sentó a mi lado. Me dijo lo cansada que estaba y yo sabía por qué; durante estos tres días no hay sueño. Entonces me preguntó si me sentaría a su lado para evitar que la despertaran mientras intentaba dormir porque iba a casa con un recién nacido y tenía que estar en el trabajo al día siguiente. Hice lo que me pidió pero todavía la molestaban. En un momento, la gente asomaba la cabeza por las ventanas gritando. Había tanto desorden en el autobús, la gente saltaba, gritaba, bailaba y se caía, y cuando llegamos a la iglesia, tenían una celebración esperando a todos.

No por mí, quería irme. Me bajé del autobús y estaba buscando a Tino y Cheyanne. Encontré el auto pero estaban esperando adentro. Así que fui a buscarlos y cuando lo hice, le rogué a Tino que me llevara a casa, pero no quiso. Yo se porque. Esperaba que compartiera las cosas asombrosas que sucedieron en el encuentro, pero este encuentro no fue como el anterior. Le pedí las llaves del auto para poder esperar afuera. Me los dio con una mirada de desconcierto en su rostro. No pude llegar al coche lo suficientemente rápido y tan pronto como lo hice, las lágrimas brotaron de lo más profundo de mí. Llenaron mis ojos cuando la presa de las emociones explotó; las lágrimas cayeron en cascada por mis mejillas. Todo lo que había estado reprimido durante tres días se me cayó. Había sido crucificada en el sentido de la crítica inmerecida, garras implacables de amargura que habían raspado mi alma y nunca me había sentido tan atacada en toda mi vida. Este no fue un dolor como este. Nunca había experimentado esto antes. Gemí de angustia por haber sido crucificada por las mismas personas que se suponía que me amaban. Los que habían sido llamados para fortalecerme acababan de pasar tres días de implacables intentos de derribarme pieza por pieza.

No pasó mucho tiempo antes de que Tino regresara al auto con Cheyanne. Estaba tan feliz de verlo, pero no podía explicar todo lo que acababa de pasar. Trató de convencerme de que me quedara, pero sabía que no podía. No sabía por qué, pero yo no estaba en condiciones de volver a entrar. Fuimos a casa y no volvimos a hablar de lo que pasó, pero él sabía que algo andaba mal porque me negué a volver a esa iglesia. Finalmente, después de una semana, me convenció de que fuera a la reunión de nuestros líderes. Le dije que no era una buena idea pero lo hice por él. En ese momento, sabía la verdad y estaba enojada por el "evangelio" que estaban compartiendo. Esa reunión terminó con mí levantando la Biblia en el aire y cantando "la Biblia es toda la verdad". Le dije a la esposa del pastor que tirara sus libros demoníacos y que la Palabra de Dios era todo lo que necesitaba. Le dije que si no estaba en la Palabra de Dios, entonces no tenía ningún derecho a compartirlo. Al final, me dijo que siempre tendría un "pelo en mi sopa", que aparentemente es un dicho en español. En otras palabras, nunca estaría limpia, lo que sabía que era una mentira.

Dios tardó seis meses en destruir esa iglesia. Digo que fue Él, no por mí, sino por Su verdad. La misma mujer que me dijo que siempre tendría "un pelo en mi sopa" era la misma mujer que venía a llamar a mi puerta meses después para decirme que sabía que Dios me amaba y que yo amaba a Dios. También me habló del sufrimiento por el que estaba pasando la iglesia. Todos los líderes habían perdido sus trabajos, se habían mudado fuera del estado y el pastor había sido deportado. Intentaron mantenerlo en funcionamiento, pero no funcionó. La iglesia fue destruida en seis meses desde el día de ese encuentro de fin de semana.

Lo triste es que las personas que estaban a nuestro lado y creían en el evangelio que había compartido ya no van a la iglesia. Mi esperanza es que nunca abandonen la verdad que encontraron una vez cuando Cristo entregó Su vida en la cruz con la esperanza de que pudieran tener una relación con la bondad de su Padre. Estaba feliz de que no destruyera lo que Dios había estado haciendo en el corazón de mi esposo durante los últimos tres años. En lugar de dejar la iglesia todos juntos, comenzó a asistir al Ministerio Banderas De Cristo, que es donde tuvo lugar nuestro primer encuentro. De todos modos, era donde quería estar.

Estuvimos en esa iglesia durante tres años, todo el tiempo trabajando en nuestra pequeña casa. A menudo le digo a la gente que la relación de mi esposo y yo era muy parecida a la condición de ese tráiler cuando nos mudamos. Pero con mucho amor, tiempo y trabajo duro remodelamos por completo ese tráiler y fue hermoso cuando terminamos. Tenía todo en su lugar y había un lugar para todo. Finalmente habíamos hecho juntos lo que no podíamos hacer por nosotros mismos y Dios estaba en el medio de todo.

Entre todo esto, mi esposo se mantuvo fiel a su nueva iglesia. Me tomó algún tiempo intentar ir con él. Estuvimos allí un par de años, nos habían trasladado a la primera fila y asistimos a todas las clases. Hicimos nuestro mejor esfuerzo para estar allí cuando estaba abierto y ser una parte activa de la iglesia. Cuando mi esposo asumió el liderazgo, me quedé atrás. Quizás sintieron que yo era un "producto dañado". No estoy segura, pero sabía que no podía quedarme allí. Necesitaba algo más. Anhelaba encontrar una iglesia donde me sintiera como en casa y Tino estaba de acuerdo con dejarme intentarlo. La verdad es que pasé mucho tiempo tratando de superar los obstáculos que otras personas crearon para que me aceptaran. Lo hice todo con una sola esperanza. La esperanza de que me dejaran compartir, en la iglesia, lo que Jesús había hecho por mí; Quería decirle al mundo de Su bondad y cuánto los ama. A veces, me dijeron que tenía demasiado de Jesús. Necesitaba calmarme y sacarlo poco a poco, pero no pude ni quería. Solo quería encontrar un lugar al que pudiera llamar hogar, pero sobre todo pasaba mi tiempo en conferencias de mujeres y compartía a Jesús donde quiera que fuera. No podía encajar en el molde, así que hice un molde para mí, uno en el que me sentía cómodo, mientras crecía en el conocimiento de Él.

Tino fue al trabajo y a la iglesia; estudió durante tres años y se graduó en el "Colegio Jehova Nissi", y abrí mi propio ministerio, repartí pan y compartí mi testimonio donde quiera que me invitaran. Mientras tanto, trabajamos en el tráiler haciendo lo que pudimos, fue nuestro Padre, quien trabajó en nuestra relación. Recuerdo el día en que nos ofrecieron un tráiler más grande en otro lote. Me acababa de sentar en el sofá y exhalar. Mientras miraba alrededor de nuestra pequeña casa, supe que estaba bien. Pensé para mí misma: "Puedo hacer esto; es perfecto para nosotros. Tenemos todo lo que necesitamos. No hay nada que nos falte ". Finalmente me sentí satisfecha con lo que teníamos. Estaba disfrutando del alivio que sentí al estar completamente satisfecha y ese es el momento exacto en que sonó el teléfono. La verdad era que realmente no había pensado en un lugar más grande, pero Dios sí. Él es quien vio nuestras necesidades incluso si no les prestáramos atención. La verdad es que estaba ocupándome de mis propios asuntos y ahí va Dios, planeando y orquestando un lugar más grande para que nos mudemos. Nuestra hija tenía tres años ahora y realmente quería que tuviera su propia habitación, algo que nunca tuve cuando era niña. Lo bueno es que nunca se lo pedí a Dios. Era solo una esperanza silenciosa dentro de mi corazón. En ese momento, supe que Él es el Fiel, que responde incluso a las oraciones no solicitadas y nos da los deseos de nuestro corazón.

Lo sorprendente fue que la oficina nos ofreció un intercambio. Querían que cambiáramos nuestro remolque remodelado más pequeño por uno más grande con dos dormitorios y dos baños. Definitivamente vino con algunos sacrificios. Era más grande, pero necesitaba reparaciones y el lote necesitaba mejoras. También me dieron la opción de reducir el saldo reemplazando en la oficina cuando me necesitaban. Yo estaba a bordo, pero mi esposo dudaba. Habíamos trabajado muy duro en nuestra pequeña casa y acabábamos de terminar con todas las reparaciones.

Le tomó cerca de tres semanas convencerlo de que era la decisión correcta para nuestra familia. Al principio, nuestros vecinos se rieron de nosotros y dijeron que espero que tengan un bote para remar hasta la puerta principal. Pero déjame decirte lo maravilloso que es nuestro Dios, no se rieron por mucho tiempo porque el día que nos mudamos, el trabajo de mi esposo nos ofreció un montón de tierra para cultivar la tierra. Estábamos tan contentos porque cuando llovió el lote se inundó y se convirtió en un lago. Llenamos la propiedad, empaquetamos la tierra y nos dimos cuenta de que ya no era nuestro lote el que se inundaba. No es que lo hiciéramos intencionalmente porque no lo hicimos, pero supongo que el agua tiene una forma de encontrar el punto más bajo.

Durante la primera semana, nos ofrecieron adoquines gratis a cambio de mano de obra. Mi esposo trabajaba horas extras durante el fin de semana y, a cambio, obtuvimos un nuevo y hermoso camino pavimentado. Ambos estábamos asombrados de cómo veíamos a Dios actuar en nuestro favor. Eso no significa que no tuviéramos miedo de hacer el cambio, sino que decidimos hacerlo con miedo. Me asusta pensar en lo que podríamos haber perdido si hubiéramos tenido demasiado miedo para dejar ir lo que teníamos. Solo imagina que podríamos haber perdido la comprensión de la profundidad de Su amor, comprender que Él ve y conoce nuestras necesidades, nuestros deseos, nuestros deseos y que es Fiel sobre todo.

¡Poco sabía yo, nuestro asombroso Dios tenía planes aún más grandes para nosotros! Para cuando nos mudamos a nuestro nuevo tráiler y comenzamos a trabajar en él, nuestra relación se estaba fortaleciendo. No solo entre nosotros, sino también con Dios, mi esposo había dado un giro completo. Sirvió de todo corazón en su iglesia. De hecho, teníamos reuniones semanales en nuestra casa y compartíamos la palabra con la gente de nuestro vecindario. Me encantaba servir comidas completas y llenar sus estómagos antes de llenar sus corazones.

Mientras sucedían todas estas cosas hermosas, sucedió otra cosa hermosa. Nuestra familia había crecido. Dios nos había bendecido con un pequeño. Lo llamamos Elisha Ryan. Eliseo significa que Dios es salvación y fue el sucesor de Elías en la Biblia. Ryan en realidad se considera un nombre de niño cristiano y significa pequeño rey. Para mí era importante nombrarlos con algo que tuviera significado porque serían llamados por esos significados por el resto de su vida. En mi corazón, su nombre significa que es el sucesor del Rey, una representación de Cristo como un pequeño rey en la tierra, un testamento viviente de la salvación de Dios.

Fue por esa misma época que comencé a buscar casas en línea. Pasé un año buscando bienes raíces. No tenía idea de cómo diablos íbamos a comprar una casa. No teníamos dinero ahorrado ni siquiera para pagar los costos de cierre. No estaba segura de si nuestro crédito era lo suficientemente bueno, pero estaba a punto de conocer a tres personas muy importantes que ayudarían a que todo sucediera. La primera fue una mujer a la que llamo "Debbie Christian". Ella me llamó de la nada y me dijo: "Escuché que estás interesado en comprar una casa". La verdad es que no recordaba haber dado mi información, pero había preguntado por muchas casas. No obstante, me informó que podía ayudar. Ella también me llevó a la segunda persona que necesitaba conocer. Fue un corredor increíble que encontró un prestamista para financiar nuestra primera casa. La tercera persona fue una pieza muy importante de este asombroso rompecabezas.

Ella era una mujer mayor. Su hija había llamado a mi oficina interesada en un remolque. Era raro que mi esposo visitara mi oficina, pero como estaba lloviendo, se detuvo antes de regresar a casa. Cuando contesté el teléfono, me preguntó si había remolques a la venta. Al principio dije: "No", mi esposo dijo, "Sí, nuestro remolque estaba a la venta por veinte mil dólares". Jadeé, no tenía idea de que estábamos vendiendo o que vendíamos por tanto. Sin embargo, antes de que pudiera detenerme, repetí esas palabras por teléfono. Les tomó unos segundos responder. Estaba esperando que me dijeran: "¿Estás loco? No voy a pagar esa cantidad de dinero para vivir en un parque de casas rodantes ". En cambio, dijo: "Está bien, voy de camino a verlo ahora". Envié a mi esposo a casa para que se arreglara un poco antes de que ella llegara. Para abreviar la historia, lo vendimos esa noche.

Estaba tan nerviosa de contarle a mi jefe. Ya no la reemplacé. Me había dado un puesto de tiempo completo porque es increíble y porque estaba disponible. Pienso en ella más como una madre que como una jefa. Ella me aconseja sobre muchos temas de la vida y me ha ayudado en momentos bastante difíciles. Ella se comporta con gracia y sabiduría y yo acababa de vender la misma casa que ella le había dado con gracia a nuestra familia. Al final, ella estaba feliz por nosotros y me dijo que lo merecíamos.

Nos tomó un total de treinta y siete días vender nuestro remolque, encontrar una casa, cerrar la venta y mudarnos a nuestra nueva casa. Hasta donde yo sé, fue un milagro del cielo. Nunca había oído que sucediera algo tan rápido en el negocio inmobiliario, pero podría estar equivocada. Eso no quiere decir que todo salió perfecto porque hubo algunos obstáculos que superar. Seguimos avanzando, un día a la vez, hasta que todo funcionó, y funcionó rápidamente.

Tan pronto como obtuvimos las llaves, manejamos hasta nuestra nueva dirección, abrimos la puerta y alabamos a Dios por su bondad. Nos sentamos en el escalón de cemento de la parte de atrás y lloramos juntos. Habíamos pasado por mucho. Hubo muchas ocasiones en que luchamos para llegar a fin de mes. Durante un tiempo, teníamos un presupuesto de veinticinco dólares para la compra semanal y él pescaba en el río para que pudiéramos comer carne que no fueran perritos calientes y mortadela. Incluso tuve que llevar nuestro tarro de cristal a la tienda de comestibles un par de veces. Una vez, recuerdo haber orado todo el tiempo para que tuviera suficiente dinero para comprar la fórmula de nuestra hija. Todo mientras le pedía a Dios que le mostrara a alguien mi necesidad y que me ayudara. En cambio, lo que me mostró fue la necesidad de alguien más.

Me paré en la fila sosteniendo el frasco de dinero y una lata de fórmula en polvo esperando tener suficiente. La señora que estaba frente a mí, que estaba embarazada, necesitaba veinticinco centavos para terminar de pagar sus artículos. La vi mirando lo que podía devolver. Sabía que tenía lo que ella necesitaba. La interrumpí y le dije: "Lo tengo. Lo tengo aquí mismo". Rebusqué en el frasco y le entregué una moneda de veinticinco centavos. Ese día aprendí una de las mejores lecciones de mi vida. Aprendí que si daba de lo que tenía, Dios siempre se ocuparía de mis necesidades. No estoy segura de cómo lo hizo ese pequeño frasco de cambio, pero pude comprar fórmula, pan, leche y huevos.

Salí de esa tienda como una nueva persona sabiendo que el Dios del universo veía todas mis necesidades y las satisfacía todos los días. La verdad es que cuando nuestros gabinetes estaban vacíos, las bolsas de comestibles aparecían en la puerta de nuestra casa, y cuando teníamos a nuestra hija, ella tenía dos baby showers, no uno. Uno era de la iglesia de Estero quien nos cargó con todo lo que pudiéramos necesitar. Nos dieron tanto que no tuve que comprar pañales, toallitas húmedas ni ningún otro artículo durante seis meses después de su nacimiento. Mi amigo, con quien vivíamos, nos dio otra ducha y otro amigo, compartió conmigo bolsas de ropa de todos los tamaños, apenas usada. No tuvimos que comprar ropa durante un año. He visto tantos milagros y ni siquiera puedo comenzar a llenar estas páginas con todo lo que Dios ha hecho por nosotros.

Cuando entramos a nuestra casa, lloramos. Lloramos porque estábamos parados en medio de la fidelidad de nuestro Salvador. Sabía que la casa era solo un símbolo de su bondad, pero en ella había años de aprender a morir con Cristo para que pudiéramos vivir. En él estaba la evidencia tangible de resistencia. La larga serie de situaciones desagradables y difíciles finalmente quedaron atrás y quedaron atrás porque decidimos dejar que Él reine sobre nosotros. Fue aquí donde fuimos dueños de nuestro Salvador, nunca pudimos negar Su bondad y las poderosas obras de Sus manos. Su firma estaba en todo.

Y aún así, durante los últimos cinco años hemos disfrutado de nuestro hogar como hogar. Un verdadero hogar; donde la paz es el marco de su fundación. Ahora, eso no significa que siempre hubo una paz perfecta, pero sí significa que era el lugar y la posición desde donde deseaba vivir con mi esposo e hijos. La paz se había convertido en una prioridad y eso significa que es posible que la casa no siempre esté en perfecto orden, pero nuestros corazones podrían estarlo.

Pero eso también significa que dentro de estos muros tuve que aprender a amar a mi familia sin expectativas porque la decepción albergaba demasiado dolor. Tuve que dejar de lado lo que pensaba que era correcto para amarlos por lo que son y no por lo que yo quería que fueran. No solo con mi familia inmediata, sino también con mi familia extendida. Especialmente con mi hermana menor Jessica; tiene seis hijos y un nieto. Su vida no ha sido fácil, pero esa es su historia que contar, no la mía.

Una cosa que puedo hacer es testificar de lo que he visto hacer a Dios en su vida. He visto a Dios moverla de Carolina del Norte a Ft. Myers a Ft. Lauderdale y viceversa para comprar su propia casa a dos millas de la mía. La he visto perder todo y todo ser restaurado. La he visto quitarse la camiseta de la espalda y criar a los hijos de otras personas solo para mantenerlos fuera de las calles. He visto a Dios obrar milagros en sus hijos y en la vida de su esposo. Dios sabe que ella no es perfecta, pero yo tampoco. Ella siempre ha caminado al ritmo de su propio tambor con una actitud, pero también hace reír a la gente y ama más de lo que cualquiera de nosotros podría imaginar.

La verdad es que todavía estamos aprendiendo a ser una familia. Mientras disfrutamos juntos de fiestas de cumpleaños, días festivos y vacaciones. Todavía lo estamos averiguando y, aunque no estemos donde queremos estar, podemos disfrutar del viaje mientras nos dirigimos hacia el lugar al que nos dirigimos. Cada uno de nosotros, hermanos y hermanas, tías y tíos, primos y abuelos, todos estamos observando la redención y restauración de lo que solo Dios puede hacer en nosotros y a través de nosotros.

Así que realmente no se trata de conseguir la casa, se trata de lo que Dios está haciendo dentro de nuestra casa, dentro de nuestros corazones. La casa es simplemente la representación física de la fidelidad de nuestro Salvador. Nunca estamos fuera de su alcance. Nunca nos perdió de vista. Él estuvo con nosotros a través de todo. Él nos había dado su Espíritu Santo, quien fue fiel para enseñarnos en todos los sentidos, en todos los caminos, y nunca se alejó ante la primera señal de dificultad. En cambio, los tres, el Padre, el Hijo y el Espíritu Santo fueron fieles para estar a nuestro lado, en las buenas y en las malas, nunca dejándonos ni desamparándonos, y aquí estamos en medio de nuestras confesiones, que Él es el Señor.

Él es el Señor de TODO. Me habían echado, rechazado y abandonado. Me habían presionado por todos lados, pero no aplastado, perplejo, pero no desesperado, perseguido, pero no abandonado, derribado, pero no destruido (2 Corintios 4: 8). Estaba parado dentro de la fortaleza de mi fe, la obra terminada de mi Salvador, y la evidencia de Su bondad estaba a mi alrededor. Él es el que borró mis rebeliones. Es Él quien declara el caso de mi inocencia porque me he vuelto al Señor, quien secó todas mis lágrimas y quitó todos mis pecados para que no se me recuerde más. Puede que no lo sepa todo, pero sé que una cosa es segura, YO "SOY" Perdonado y que…. Está terminado.

El Viaje de Algo Brillante

El Viaje de Algo Brillante

Capítulo Trece:
Está Terminado

El Viaje de Algo Brillante

¡Esta terminado! Comencé mi viaje roto sin ningún lugar a donde girar. Dejé todo atrás y elegí seguirlo a ciegas, sin saber a dónde iba, pero confiando en Su amor por mí. Fui a lugares a los que no quería ir. Me quedé más tiempo en las habitaciones de las que quería huir. Perdí la esperanza. Incluso le dije a Dios: "Renuncio", una vez, pero aquí todavía estoy colgando de la vida con la esperanza de que algún día daré el fruto de un Salvador asombroso. Me han podado, pinchado, desarreglado y replantado, pero a pesar de todo, sigo aquí.

Estoy aquí porque no hay nada lo suficientemente fuerte para separarme del Amor que me dio desde la cruz. No hay altura, ni profundidad, ni ángel, ni demonio, ni presente, ni futuro, ni poderes, ni ninguna otra cosa en toda la creación, que pueda separarme del amor de Dios que encontré en Cristo Jesús Mi Señor [Romanos 8: 37-39].

Terminó en el momento en que Jesús clamó al Padre y entregó su espíritu, con esas palabras, el mundo entero cambió, yendo desde el principio de los tiempos y hasta el final. Él lo cambió todo quitando el velo entre mi Padre Celestial y toda la creación; el telón rasgado por toda la eternidad, pasado, presente y futuro. El mundo nunca volverá a ser el mismo. No es posible porque el anhelo de un salvador penetra profundamente en el alma de cada persona que anhela algo más, busca una realización. El agujero vacío que penetra en el corazón de cada ser humano tiene una respuesta de "talla única"; salvación en la forma de una relación personal con un salvador llamado Jesús, un Padre que nos ama y un maestro, el Espíritu Santo, que no tiene miedo de quedarse con nosotros a través de todo.

Es Jesús quien dio su vida por toda la humanidad sin condiciones. Él dijo: "Venid a mí todos los que estáis cansados y cargados, y yo os haré descansar" [Mateo 11:28]. No había letra pequeña que me impidiera entrar en Sus brazos. NINGUNAS circunstancias o estipulaciones que tuve que cumplir antes de entrar en Su Gracia. Fue Su amor el que me encontró en el piso de la ducha. Fue Su amor el que me llevó a través de los recuerdos más oscuros y los momentos más difíciles durante mi viaje de aprender a conocerlo más.

Aquel que vino con un propósito, salvar al mundo, ¿y de quién está salvando al mundo? El mundo se salva de sí mismo; con sus gritos de "fíjate en mí", "guárdame", "protégeme" y "mí" es exactamente la persona de la que Jesús me salvó. El "YO" que se esconde dentro de mi alma que odiaba lo que no podía controlar, el que golpeaba, golpeaba y torturaba mi mente, el que dejaba que el miedo dictara cada decisión y contemplara cada respuesta resultando en una batalla sin fin con " yo."

La única manera que encontré para sacar a "mí" del cuadro fue dar mi vida y aprender a no volver a retomarla nunca. Es la lección más difícil pero es la más valiosa. Elijo dar mi vida por el Rey; el único Rey que podría llenar el agujero negro que consumió mi alma. El único que podía enseñarme a mirar fuera de mí hacia un mundo herido y moribundo. Aquel que plantó la semilla dentro de mí de que yo también podía cambiar de alguna manera el mundo en el que estaba viviendo. Tenía, dentro de mí, el poder resucitado para tocar el mundo de una manera que solo yo podía.

Fui creado de forma única, creado para Su gloria, muy parecido al sol cuando se pone y se levanta, creando un horizonte único que nunca se volverá a ver. Se renueva cada tarde y cada mañana. El mismo cielo nunca se verá dos veces, por toda la eternidad, así estoy hecha y así estás hecho tú. Para lo que Dios nos ha creado es tan único como sus atardeceres y amaneceres. Él es un Dios individual para nosotros como individuos. Nunca podría tener lo que Él ha querido para otra persona y nadie puede tener lo que Él ha querido para mí.

Es por Su gracia a través de Su misericordia que todavía estoy aquí. "Estoy quieta." Ya no estoy peleando. Cada momento de cada día es otra oportunidad para dar mi vida por la Suya. Él ya pagó el precio por mí para tener todo lo que puedo atreverme a imaginar.

He aprendido a apoyarme en la Palabra de Dios de maneras que no tengo la capacidad de expresar con meras letras escritas en una página. No son suficientes para contener la magnitud de lo que Dios ha hecho dentro de mi alma. Las verdades que me ha compartido son como ninguna otra. Me completan y me completan de una manera que el mundo solo podía esperar. No hay un segundo del que me arrepienta, porque Él me ha dado valor y valor; no del tipo que toma o da el hombre, sino del tipo que dura una eternidad.

Hubo algunas lecciones difíciles de aprender, pero fueron las lecciones más hermosas que pude haber aprendido. Las lágrimas que derramé no fueron por el dolor que me causaba la gente. De hecho, eran lágrimas purificadoras del arrepentimiento. No del tipo que la gente te desafía con palabras de condenación, sino un arrepentimiento que solo puede venir con la comprensión de Su amor. Cuando era niña, puedo recordar que me golpearon, me gritaron, mi pequeño espíritu fue aplastado por las palabras de niños adultos que no entendían el amor de Dios. En mi relación con mi Padre celestial, Él nunca me ha "golpeado" para someterme a Él, sólo me ha amado hasta el punto en que yo quiero obedecerle. No porque Él me recompensará de alguna manera, sino porque Su amor es así, es bueno, es gentil y es lo suficientemente grande como para cubrirme. Es lo suficientemente suave como para abrazarme cuando grito que me dejes ir. Es lo suficientemente bueno para mantenerme incluso cuando estoy huyendo. Tiene la amabilidad de cubrirme y sacar lo mejor de mis errores. Este es el tipo de amor más grande que jamás se haya dado y Él me lo ha dado.

Cuando era niña, hablaba como niña, pensaba como niña, razonaba como niña, pero cuando crecí dejé atrás mis costumbres infantiles [1 Corintios 13:11]. Tuve que aprender a estar dispuesta a mirarme a mí misma en cada situación. Ya no podía ver a otra persona como la causa de mi preocupación, mi vida o cualquier otra circunstancia en la que me encontrara. En cada situación, tenía que estar dispuesto a pedirle a Dios que me cambiara. Para hacer de mi corazón un corazón como el suyo. Tenía que estar dispuesta a dar mi vida y entregar cada asunto confiando en que el Dios de toda la creación sería fiel para guiarme a través de mis lágrimas.

Esas lágrimas a menudo provenían de una revelación que transformó mi alma; comenzando por dentro y abriéndose camino fuera de mí. Las partes más dolorosas de este viaje han sido aquellas cosas en mi vida que Dios desveló de mis propios ojos, de mi propia alma, de mi propio pasado y de mis propios errores y decisiones.

Dios nunca me pidió que cambiara a nadie más. Él nunca me pidió que me cambiara a mí misma, pero sí me prometió que sería renovado cada día que lo escogiera a Él primero. Fue mi Padre quien puso dentro de mi corazón que cada momento que elijo darle a Él. Él me lo multiplicará por diez. Tuve que aprender que todo lo que hago es por mi Padre y lo que Él desea que yo haga. Este deseo no se puede satisfacer haciendo lo que la gente me dice que haga. Tuve que aprender las puertas que Dios abre que ningún hombre puede cerrar, pero las puertas que abre el "hombre" pueden cerrar. Tuve que tomar la decisión de que incluso si nadie está de acuerdo conmigo, incluso si el mundo entero está en mi contra, seguiré al que salva.

El único que dio su vida por la mía. Tuve que tomar una decisión para poder vivir dentro de los pliegues de Su resurrección; También debo dar mi propia vida para recoger la "causa" que Él me ha dado. Usar mis dones para su beneplácito confiando en que hará que suceda lo que yo no puedo. Tuve que elegir poner un pie delante del otro todos los días, haciendo lo mejor con lo que tenía para Su reino. Aunque, para mí, siempre me pareció tan pequeño en comparación con lo que había dentro de mi corazón.

Hay tantas veces que recuerdo la historia del niño con el almuerzo y cómo Jesús alimentó a la multitud con sus pocos peces y pan [Mateo 14: 13-21]. Muchas veces, he sentido que todo lo que tenía era suficiente para alimentar a uno. Lo que aprendo cada vez que decido entregar mi pescado y mi pan es que Jesús es fiel para multiplicar lo que tengo en algo más grande de lo que puedo imaginar. Si elijo entregarle lo que tengo a Él, si elijo dar mi vida por otros, si elijo dejar que Él dirija, Él hará lo que yo nunca podría hacer sola.

Estoy segura de que el día que ese niño salió de su casa con lo justo para el almuerzo, no tenía idea de que Dios había elegido lo que le había dado a uno, para alimentar al mundo que lo rodeaba. Creo que hay algo grandioso en cada uno de nosotros. Todos hemos sido equipados con algo para "alimentar" al mundo que nos rodea. Para marcar la diferencia en las carreteras y caminos que pasamos a diario. Tenemos la opción de hacer de nuestra vida, donde quiera que estemos, un púlpito para que el amor de Dios llegue a las personas que pasan, en las tiendas, en nuestros trabajos y, sobre todo, a los que están en nuestros hogares y nuestras familias.

Lo que sé hoy es que puedo confiar en Jesús con lo poco que tengo. Si todo lo que tengo es una semilla de mostaza, que es del tamaño de la punta de un bolígrafo, para ofrecerle, Él será fiel para mover montañas frente a mí. Si tengo una esperanza para el futuro, una visión que no puedo dejar de lado, estoy segura de que Cristo puede hacer lo que yo no puedo hacer por mí misma. Hay montañas frente a nosotros. A veces, esas montañas parecen demasiado grandes para escalar, demasiado difíciles de dominar porque vienen en forma de servirnos a nosotros mismos. Puede resultar difícil discernir el disfraz que cubre las acciones de "servidumbre al" yo ", porque pueden enmascararse en multitud de colores. A veces se esconden bajo buenas intenciones y la religión los reviste en forma de "cristianismo". Otras veces están al acecho en la oscuridad y la destrucción se puede encontrar en medio de los buenos tiempos y la gratificación inmediata [2 Corintios 11]. Por favor, comprenda que el "yo" siempre está en el centro del "yo" y puede ser difícil para "usted" superarlo, pero no es demasiado difícil para él. Jesús dijo: "Les he dicho estas cosas para que en mí tengan paz. En este mundo tendrás problemas. ¡Pero anímate! He vencido al mundo"[Juan 16:33].

Digo todo esto para recordarte que incluso si todo lo que tienes son solo unos pocos peces y una semilla de mostaza de fe, entonces tienes más que suficiente para que Jesús traiga un gran avance en tu vida, tienes más que suficiente para Jesús. para derribar fortalezas dentro de tu mente, tienes más que suficiente para caminar con Aquel que te ama, Aquel que dio Su vida por ti. Tienes más que suficiente para experimentar lo que he experimentado en los últimos quince años de mi vida. Quizás la historia se altere un poco con detalles sobre tu propio viaje personal, pero los resultados seguramente serán los mismos porque Dios no cambia y no es un hombre al que debería mentir.

Romanos 2:11 nos dice que Dios no muestra favoritismo. Lo que hace por una persona, lo hará por otra. Su Palabra me dice que escribe Sus preceptos en mi corazón y es fiel para guiarme. Él me ha llamado Sus ovejas y me ha dicho que escucho Su voz y lo sigo y la verdad es que tienes la misma esperanza disponible para ti que yo encontré en Cristo Jesús, el Señor y Salvador de mi vida. Cristo fue crucificado por mi causa y la tuya. No hay nada que harás para quitar de la cruz y no hay nada que harás para agregarle. Mi única esperanza es que podamos aprender a descansar en la obra completa que solo Él pudo realizar por nosotros.

Hay tanto que decir y tan poco tiempo. Me desperté esta mañana sabiendo que hoy escribiría con la esperanza de que tocaría la vida de quienes lo lean. La verdad es que todos hemos estado en ese lugar donde nos hemos sentido rechazados y solos. Lugares donde aquellos que se supone que nos aman acaban haciéndonos daño. Cuando llegué a la iglesia estaba enamorada de mi Jesús. Estaba enamorada del milagro que había tenido lugar en el interior de mi alma y no podía esperar para convertirme en parte de una nueva familia; una familia que me abrazaría y me aceptaría justo donde estaba. Esperaba tener una familia que estuviera tan entusiasmada con mi Jesús como yo y que deseara tanto compartir esa emoción. Esperaba que una iglesia me apoyara, que se convirtiera en testigo de lo que solo Dios puede hacer y que apoyara mi crecimiento y caminar en Cristo, pero no obtuve lo que esperaba.

Aprendí muy rápido, las expectativas son solo para el Padre. Aquel que nos creó en el vientre de nuestra madre; nadie puede ocupar su trono. No, no lo compartirá. Las expectativas nunca fueron destinadas a "la iglesia". La iglesia nunca tuvo la intención de reemplazar una relación íntima con nuestro Padre Celestial. Sin embargo, es un lugar para ser edificado y edificado; un lugar para animarse en su caminar personal con Jesús. Es un lugar donde los líderes están llamados a equipar a los santos para que sean "la iglesia" en nuestras comunidades, trabajos y, lo que es más importante, en nuestros hogares. ¿Quiénes son los santos? Estamos.

Me tomó años darme cuenta de esto. Seguí mirando al liderazgo para completar de alguna manera "mi historia", abrirme puertas a las que pensaba que solo ellos tenían acceso. No fue hasta que me di cuenta de que es Dios y solo Dios quien tiene las puertas por las que quiero atravesar. Ya terminé de pelear. No quiero atravesar una puerta sobre la que "el hombre" tenga autoridad. Solo tengo un Dios, un Padre que abarca todo lo que necesito en Cristo, mi Señor y Salvador, con el poder del Espíritu Santo para enseñarme. Eso no significa que no necesite una comunidad de creyentes que se reúnan a mi alrededor e influyan en mi viaje porque lo hago. Nos necesitamos unos a otros Dios usa a las personas y todos somos Su pueblo.

Es como cuando sales con alguien por un tiempo y comienzas a notar que comienzas a decir cosas que dicen o imitan gestos faciales. La verdad es que nos guste o no, somos como esponjas que aprenden de los más cercanos a nosotros.

Digo todo esto para que sepas que la carga de poner tu esperanza en el hombre es aplastante. Ningún hombre puede soportar ese tipo de presión, ningún hombre. Solo Jesús puede satisfacer el anhelo de nuestro corazón. El "trono" le pertenece a Él y Él elige compartirlo en gracia con nosotros; llegamos a experimentar lo que es "ser" el salón del trono de Su gracia, Su misericordia, Su bondad, Su bondad, recibiendo no lo que merecemos sino una corona de Su gloria.

Imagínense lo que se necesita para amarnos desde lejos, mientras Él espera pacientemente nuestra llegada. Nunca abrumados por nuestra humanidad, nunca desanimados por nuestras inconsistencias, nunca abandonando la esperanza de que podamos conocer la plenitud del Amor que Él tiene por nosotros. Él nunca nos deja ir. Estará ahí hasta el final; lo bueno, lo malo y lo feo no lo asusta. En cambio, Él lo toma todo en Sí mismo y elige bajar Su trono de la majestad de los Cielos y colocarlo dentro de nuestros corazones.

Todo lo que quiere es que lo conozcas más. Para saber cuánto anhela que experimentes la profundidad de Su amor. Llegar a ser testigos de su bondad, de su bondad, de la mansedumbre con que nos ama. La verdad es que tenemos una opción. Tenemos la opción de experimentar lo que significa entregarnos para que Él pueda vivir. Perder de vista nuestra propia ambición confiando en que Él conoce nuestro corazón y es fiel para darnos más de lo que jamás podríamos atrevernos a imaginar. Esto no significa que no tengamos ambición, pero en todos nuestros esfuerzos elegimos hacer de nuestra relación con Él una prioridad en nuestra vida y elegimos seguir Su ejemplo; el autor y perfeccionador de nuestra raza. Le damos el espacio en nuestro corazón que necesitamos para amar al mundo que nos rodea de la misma manera que Él lo haría. Confiar en que los planes que Él tiene para nosotros son para prosperarnos y no para dañarnos, planes para darnos una esperanza para el futuro (Jeremías 29:11).

Recuerde, Dios usa a las personas y lo sabemos porque la Biblia está llena de ellas. Que cada uno de nosotros aprenda el significado de morir para nosotros mismos para que Él pueda vivir, que Cristo en mí tiene las manos y los pies que tanto desea para seguir caminando en esta tierra y completar el llamado que más importa; Vino a salvar el mundo. Entonces aquí estamos siendo perfeccionados a Su imagen. La misma imagen que habitó entre nosotros hace más de dos mil años; la misma imagen que cambió la forma en que el mundo creó el tiempo y transformó cada significado de la vida en dos marcos de tiempo a. C. que significa antes de Cristo y A.D. que significa después de la muerte o Anno

Domini Latín para: en el año del Señor ".

Así que aquí estamos hoy con las palabras de Juan en el capítulo 1 versículo 14, "la palabra se hizo carne y habitó entre nosotros. Hemos visto su gloria, la gloria del único Hijo, que vino del Padre, lleno de gracia y de verdad ".

Sí, es verdad, él habitó físicamente aquí, pero Jesús también dijo en Juan 14:23 "Todos los que me aman harán lo que digo. Mi Padre los amará, y "nosotros" vendremos y haremos nuestro hogar dentro de sus corazones. En el versículo veinticinco podemos ver que Él nos prometió un maestro, el Espíritu Santo, quien nos enseñará en todas las cosas, quien es nuestro ayudador y la personificación completa de todo lo que Él es; los tres en uno, viviendo en nuestro interior.

En el versículo veintisiete, Jesús dijo: "La paz os dejo, mi paz os doy. No doy como el mundo da. No se turbe vuestro corazón ni tenga miedo ". Estoy aquí para decir que hay una paz que ofrece el mundo, pero es solo temporal y no tiene la capacidad de durar. Esa no es la paz de la que habla Jesús; No nos da una "paz pasajera" como el mundo. Él nos da una paz que puede permanecer en medio de cualquier tormenta; una paz que tiene el poder de superar la confusión en nuestra vida y darnos entendimiento en medio de nuestro lío.

La verdad es que me tomó un tiempo, cometí muchos errores y hay muchas posibilidades de que cometa más, pero hay una cosa que he aprendido que nunca me podrán quitar. Hoy sé que no hay nada que pueda hacer que se sume a la cruz y que no hay nada que pueda hacer que la quite. Cristo crucificado por la esperanza de la gloria de que pudiéramos tener una relación plena con nuestro Padre Celestial, quien nos creó a Su imagen tan únicos como cada amanecer hecho para Su gloria. Creado para volverse Uno con Él, en Cristo, siendo enseñado para siempre por Su Espíritu, el mismo Espíritu que es la encarnación completa de nuestro Creador y Salvador vivo y bien, viviendo en el interior de cada uno de nosotros.

Mi única oración es que todos seamos Uno, juntos en Cristo, como Él está en el Padre y el Padre está en Él, para que el mundo crea que Dios envió un Salvador, un Salvador que murió para darles vida. Quien vivió para ser la demostración perfecta para un mundo agonizante y herido de la Esperanza que se encuentra en una relación íntima con un Padre cuyo amor es tan grande que enviaría a Su hijo a entregar Su vida para llevarnos a una relación plena con Él mismo con la misma esperanza de que podamos dar nuestra vida por la única esperanza que salva, redime, restaura y ama en la forma más pura jamás dada al mundo entero.

E hizo todo eso con estas tres palabras: "Está terminado".

Entonces, ¿qué he estado haciendo todos estos años? He pasado mi tiempo conociendo al que más me ama y esperando que la esperanza de Su Gloria brille intensamente en mi vida. He estado colgando de la vid, siendo podado por el "Jardinero". ¿Qué quiero decir con eso? En Juan 15 dice: "Yo soy la vid verdadera, y mi Padre el jardinero. Corta en mí toda rama que no da fruto, mientras que toda rama que da fruto la poda para que sea aún más fructífera. Ya estás limpio por la palabra que te he hablado. Permanece en mí, como yo también permanezco en ti. Ninguna rama puede dar fruto por sí sola; debe permanecer en la vid ". Jesús ha sido mi vid, cuando sentí que el mundo entero estaba en mi contra, corrí hacia Él y Él fue fiel para guardarme, enseñarme y amarme justo donde estaba; con la esperanza de que pueda dar muchos frutos.

Corrí hacia Él a través de la oración más veces de las que puedo contar. Hubo tantas noches que le rogué que me ayudara a ver y comprender la verdad. Corrí hacia Él leyendo y estudiando Su palabra y agradeciendo al Espíritu Santo por enseñarme. Corrí hacia Él cuando sentí que mi mundo se estaba derrumbando y Él fue fiel para acompañarme a través de todo. Llené mis oídos con Su verdad al escuchar a maestros, profetas y ministros probados de todo tipo. Protegí mis ojos de permitir que las imágenes de un mundo caído y roto invadieran mi alma, se colaran en mi corazón y me engañaran al robar la pureza de mi alma. Permití que la verdad de Dios cambiara mis palabras, mis pensamientos y mis acciones.

Lo busqué día y noche y todavía lo hago porque Él es mi fuente de vida. Él es el que tiene todo lo que necesito. Me ha dado hambre de saber qué quiso decir con sus últimas palabras en la cruz: "Consumado es".

He aprendido mucho al conocerlo más. A través de la intimidad del tiempo que pasé morando en Su presencia y permitiendo que penetre en mi alma, he aprendido que "Consumado es" significa que no puedo dejarlo. No puedo más que rezarle. No puedo vivir más que Él, pero lo que puedo hacer es confiar en que todo lo que Él ha hecho fue hecho desde la cruz. Confío en el trabajo terminado viviendo dentro de mí. Confío en que mi Padre Celestial, que me ama, quitará toda rama que me succione el amor que me da vida. En otras palabras, confío en que cortará cada parte de mi corazón que no esté en consonancia con él. Confío en que me está transformando a su propia imagen. Una imagen de mi Salvador, una imagen de Su amor para un mundo herido y moribundo; mi única causa es quedarme. Permanezca en Su verdad, pase lo que pase, hasta el día en que mi vida termine y mi carrera llegue a su fin, correré a Sus brazos y finalmente se terminará.

El Viaje de Algo Brillante

El Viaje de Algo Brillante

EPÍLOGO
EL ORADOR

Juan 17:20

Mi oración no es solo para ellos. Oro también por los que creerán en mí a través de su mensaje, para que todos sean uno, Padre, así como tú estás en mí y yo estoy en ti, que también ellos estén en nosotros para que el mundo crea que tú me has enviado. Les he dado la gloria que me diste, para que sean uno como nosotros somos uno en ellos y tú en mí para que sean llevados a la unidad completa. Entonces el mundo sabrá que tú me enviaste y los has amado como tú me has amado a mí. Padre, quiero que los que me has dado estén conmigo donde estoy, y que vean mi gloria, la gloria que me has dado porque me amaste antes de la creación del mundo. Padre justo, aunque el mundo no te conozca, yo te conozco y ellos saben que tú me has enviado. Les he dado a conocer y seguiré dándome a conocer para que el amor que me tienen esté en ellos y yo misma esté en ellos.

Te invito a que vengas y veas lo que Dios está haciendo por ti misma, dale una oportunidad a Dios y

Acepta a Jesús en tu corazón diciendo:

Creo que eres el Hijo de Dios, creo que diste tu vida por mí, para que yo fuera salvo de mis pecados todos los días y llegue a saber lo que es tener una relación personal con mi Padre Celestial que me ama. .

¡Gracias Jesús!

Recibo en mi corazón el don prometido del Espíritu Santo para que venga y more dentro de mí, para enseñarme y guiarme todos los días de mi vida. ¡Te pido que dejes que mi vida se convierta en una carta de Tu Gracia y Tu Misericordia compartiendo la única Gloria que solo proviene de conocer a un Salvador como Tú!

Gracias Padre, gracias Jesús y gracias Espíritu Santo.

Ahora, de hoy en adelante, quiero que comprendan una cosa. La obra que Jesús ha hecho está consumada en ti. No hay nada que puedas hacer que te quite de la cruz y no hay nada que vayas a hacer para agregarle. Es tu trabajo saber por ti mismo qué es lo que hizo Jesús cuando dijo: ¡Consumado está!

Porque la verdad es

¡Esta terminado!

El Viaje de Algo Brillante

DEL AUTOR

Quiero que todos sepan cuánto aprecio que se hayan tomado el tiempo de leer mi historia. Estoy decidido a usar mi vida y mis experiencias para consolar a los quebrantados de corazón; el mismo consuelo que Cristo me ha dado.

Les agradezco que se unan a mí en este esfuerzo tan personal. Tengo mucha esperanza para el futuro, pero una cosa que he aprendido es seguir su ejemplo y si esto es todo lo que Jesús quiere que haga con mi vida, entonces vale la pena y es suficiente.

Le estoy pidiendo que si este libro le ha traído consuelo de alguna manera, o una comprensión más profunda de su propia relación personal con Jesús, le pido que comparta este libro con alguien que pueda necesitar consuelo en su vida y necesite conocer el tipo de de amor que da su vida por la esperanza de que puedan llegar a conocerlo. La palabra dice que no hay amor más grande que el amor de alguien que da su vida por otro. Así que aprendamos a "morir" a nosotros mismos para que podamos recoger lo que Jesús con tanta gracia depositó,

Su vida.

Gracias de nuevo y los dejo con este pensamiento, si una persona puede poner mil en vuelo y dos, diez mil, imagínense lo que podríamos hacer juntos. Los que somos la iglesia, seamos "Uno" en Él como Él es en el Padre para que el mundo lo conozca por el amor que compartimos unos con otros.

www.ingramcontent.com/pod-product-compliance
Lightning Source LLC
Chambersburg PA
CBHW070136100426
42743CB00013B/2718